Beatriz Coelho Silva (Totó)

Quando Vem da Alma de Nossa Gente

Sambas da Praça Onze

Garota FM BOOKS

Copyright © 2025 Beatriz Coelho Silva (Totó)
Edição Garota FM Books
www.garotafm.com.br | contato@garotafm.com.br

Todos os direitos reservados e protegidos pela Lei 9.610 de 19.2.1998. É proibida a reprodução total ou parcial deste livro através de meio eletrônico, fotocópia, gravação e outros sem a prévia autorização da editora.

Direção editorial: Chris Fuscaldo
Revisão crítica: Lucas Vieira
Revisão ortográfica: Maíra Contrucci Jamel
Capa, projeto gráfico e diagramação: Lionel Mota

```
Dados Internacionais de Catalogação na Publicação (CIP)
       (Câmara Brasileira do Livro, SP, Brasil)

   Silva, Beatriz Coelho
      Quando vem da alma de nossa gente : sambas da
   Praça Onze / Beatriz Coelho Silva (Totó) ;
   [ilustração Lionel Mota]. -- 1. ed. -- Niterói. RJ :
   Garota FM, 2025.

      Bibliografia.
      ISBN 978-65-985217-5-2

      1. Samba - História e crítica - Rio de Janeiro
   (RJ) I. Mota, Lionel. II. Título.

25-271468                         CDD-784.1888098153
              Índices para catálogo sistemático:

      1. Samba : Música : Rio de Janeiro : Cidade :
            História    784.1888098153

      Eliete Marques da Silva - Bibliotecária - CRB-8/9380
```

Beatriz Coelho Silva (Totó)

Quando Vem da Alma de Nossa Gente

Sambas da Praça Onze

1ª edição
Niterói (RJ)
2025

Garota FM BOOKS

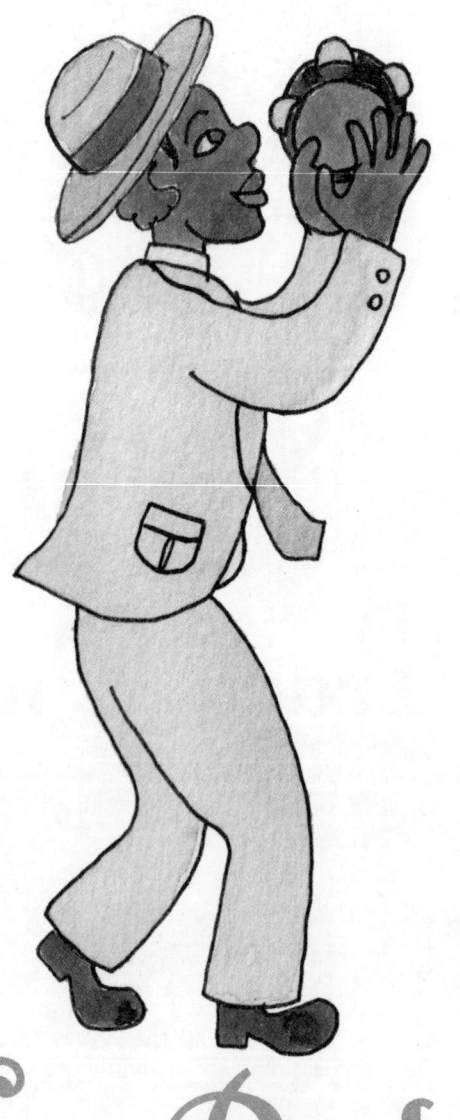

Nas Redes

Acesse a página do livro para ter mais informações e notícias referentes ao conteúdo.
Use o código acima ou vá em www.garotafm.com.br

Acesse o Spotify para ouvir o audiolivro *Samba se Aprende na Escola – Canções da Praça Onze*. São 18 episódios contando histórias da Praça Onze e apresentando canções sobre o bairro.

Todos os esforços foram feitos para entregarmos o conteúdo mais correto possível.
Correções poderão ser publicadas na página do livro, no site da editora.
Sugestões, favor entrar em contato através do e-mail contato@garotafm.com.br

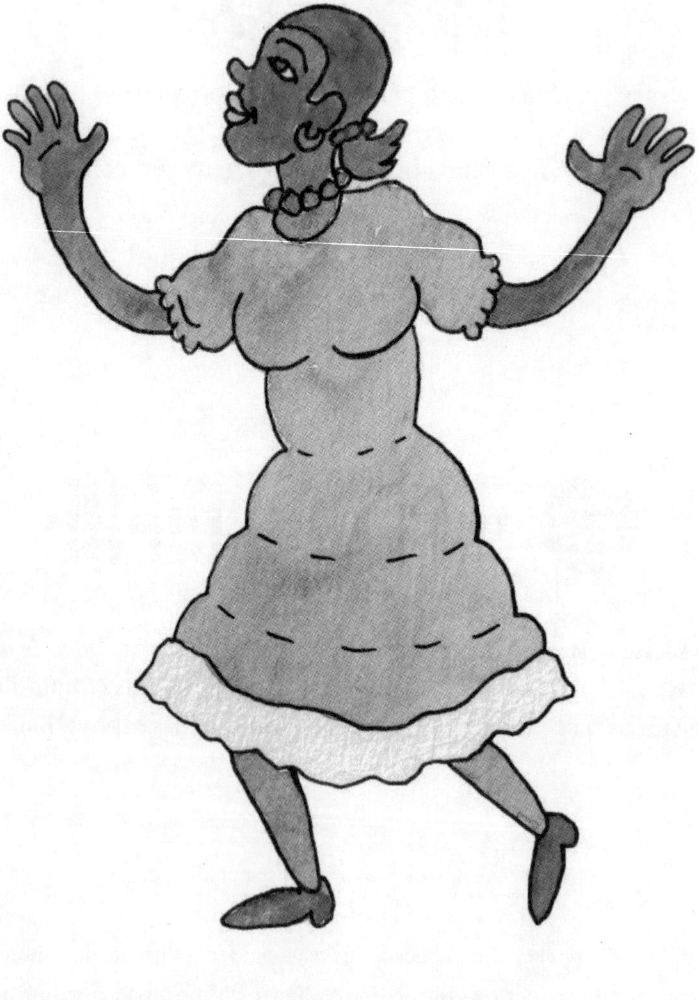

O samba é o retrato da nação. Nossas histórias são contadas pelos versos, sentidas pelo levar dos instrumentos.

(Ismael Silva)

O sambista interage, anda nas brechas do permitido e vai se afirmando, se aprimorando.

(Ismael Silva)

Sumário

Prefácio *por Luiz Antonio Simas* 11

Introdução 13

1. Como o samba cresceu e apareceu na Praça Onze 17
    1.1. "Eu canto pra esquecer a nostalgia" 42

2. "O X do Problema" 45
    2.1. Quem conta um conto aumenta um ponto? 47
        2.1.1. "Na Praça Onze de Junho, entrei na roda de samba" 50
        2.1.2. "Vão acabar com a Praça Onze" 69
        2.1.3. "A praça existe, alegre ou triste, em nossa imaginação" 88

    2.2. A Praça Onze vista de dentro: João da Baiana 120

3. Como se cria memória 143
    3.1. A Praça Onze e a nostalgia 150

4. Encerrar pra continuar 157

5. "Com que roupa" fui à Praça Onze 161
    5.1. Quem ajudou a contar esta história? 168
        5.1.1. Os autores e suas teorias 169

6. Entrevistas 183

7. Músicas analisadas 207

8. Referências bibliográficas 211

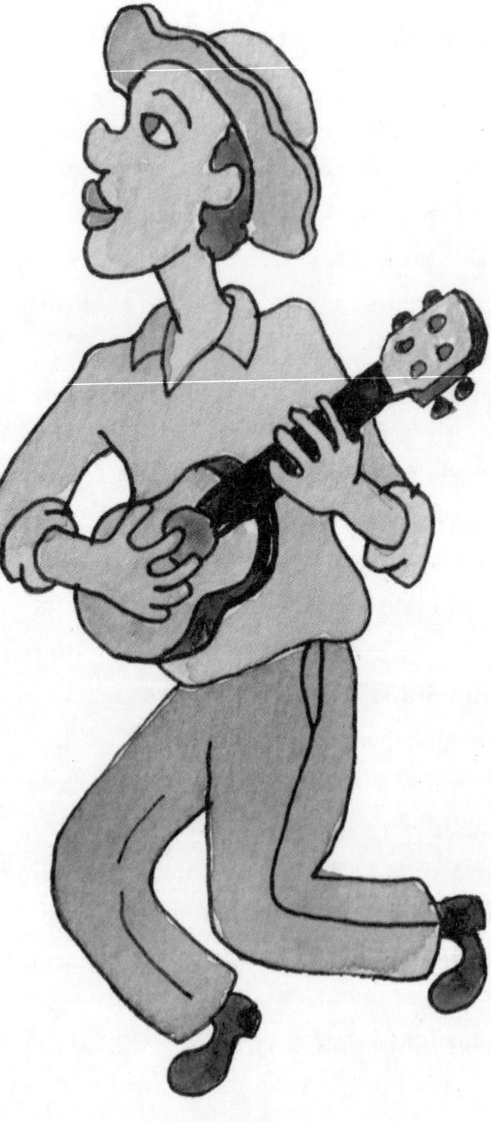

Prefácio

Por Luiz Antonio Simas

Em um país pensado por sua elite política e intelectual na maior parte do tempo como um projeto institucional de exclusão, o samba foi uma fresta através da qual um imenso contingente de brasileiras e brasileiros interagiu com a realidade, interpretou o mundo, driblou os perrengues, construiu sentidos de vida, chorou, riu e interagiu com a história. O samba, afinal, é mais que um ritmo, um gênero musical, uma coreografia; o samba é um jeito de estar no mundo. Nesse sentido, se não existe cristianismo sem Jerusalém, Maomé sem Meca, Santos sem Pelé, Gantois sem Mãe Menininha, Beatles sem Liverpool e Caymmi sem a Bahia; não existe o samba do Rio de Janeiro sem a Praça Onze. A mítica praça – espécie de ágora carioca das tias baianas, malandros maneiros, judeus, ciganas, arengueiros, poetas, batuqueiros, valentões – inventou o samba da cidade e, paradoxalmente, foi inventada por ele.

É disso que trata esse ótimo *Quando Vem da Alma de Nossa Gente – Sambas da Praça Onze*, livro em que Beatriz Coelho Silva, jornalista e pesquisadora mais conhecida como Totó, elege 14 canções que tiveram a mítica praça como tema explícito ou insinuado. A autora disseca uma por uma de forma artesanal, com o auxílio luxuoso na análise do maestro Paulão 7 Cordas e da cantora e professora Clara Sandroni, formando com isso um mosaico cruzado de sons, timbres, notas, acordes e cenários. A impressão que tive, ao terminar a leitura, foi a de que a Praça Onze, para permanecer no imaginário da cidade, teve que acabar, criminosamente arrasada em 1942, para a abertura da Avenida Presidente Vargas. A despeito disso, o espírito do velho bairro anda vivo por aí, nos escaninhos da memória e nas encruzilhadas de um tempo espiralado feito o caracol dos exus travessos do samba: o contrário da vida, afinal, é o esquecimento; o contrário da morte é a lembrança. A Praça, portanto, ainda samba e permanece.

Introdução

Se você tem uma ideia incrível
é melhor fazer uma canção
Está provado que só é possível filosofar em alemão
(Caetano Veloso, "Língua", 1984)

O samba é pai do prazer
O samba é filho da dor
O grande poder transformador
(Caetano Veloso, "Desde Que o Samba É Samba", 1992)

Embora Caetano Veloso seja mais que sambista, seus versos norteiam esta pesquisa que busca entender como os sambas da Praça Onze fazem a crônica da vida de quem os compôs e os consome, e como essas canções contribuíram para o antigo bairro carioca de imigrantes pobres ter se tornado um lugar de memória, mesmo inexistindo fisicamente desde 1942. Nesses primórdios, o samba popularizou-se e se tornou símbolo nacional. Relatar como se deu esse processo é também objetivo deste trabalho. Conforme afirma Caetano, o samba vem das dores da população excluída. As letras cantam seus anseios e seu prazer, refletem sua vida e expressam sua visão de mundo. E, ainda segundo ele, uma ideia incrível fica melhor numa canção que em um tratado de filosofia. Talvez por isso filósofos brasileiros não são populares como o francês Jean-Paul Sartre, o inglês Bertrand Russell ou o alemão Friedrich Hegel e nossos compositores criam breviários que expressam nossas dores, tristezas, alegrias e felicidades.

Neste livro, tento entender como o samba passou de música periférica (ou folclórica) a símbolo do Brasil e falo de um lugar que entrou na mitologia carioca e brasileira: a Praça Onze, onde iam morar os descendentes de escravos recém-libertos e os imigrantes pobres, nacionais e estrangeiros, que fugiam da fome, de perseguições político-religiosas ou de tudo isso junto. Do fim do século XIX às primeiras décadas do século XX, fazia-se samba em diversos lugares do Rio de Janeiro (Estácio, Gamboa, Mangueira, Madureira etc.) e pelo Brasil afora, geralmente – mas não necessariamente – onde houve escravidão, ou seja, Minas Gerais, São Paulo, Bahia, Pernambuco, Goiás etc. Por isso, não debato se o samba é carioca ou baiano, mas falo de um bairro do Rio de Janeiro descoberto como celeiro de repertório pela então nascente indústria fonográfica brasileira. Preferi contar esta história analisando catorze canções feitas em torno da Praça Onze, onze delas de compositores que não viviam lá, mas falam do bairro, e três de João da Baiana, um dos criadores do gênero, que nasceu e viveu lá até sua demolição, em 1942.

Aqui, cada canção é tratada como obra literária. Não inovo nisso. O reconhecimento da canção popular como Literatura se consolidou em 2016, quando Bob Dylan (Robert Allen Zimmermann) recebeu o Prêmio Nobel de Literatura, mais por suas canções que pelos livros publicados. É também um discurso e um gênero textual e, como obra literária para ser ouvida, é uma criação coletiva de compositor(es), intérpretes (cantores/as e músicos) e o produtor(es) fonográfico(s) que reúne os diversos criadores. Por isso, recomendo a audição de cada samba analisado, pois em música popular, letra, melodia, interpretação e arranjo formam um uno indivisível. Podemos separá-los para análise, mas essa será sempre incompleta.

Este livro foi, originalmente, dissertação de mestrado em Literatura Brasileira, defendida em 2020. A ordem dos capítulos foi alterada para torná-lo agradável a quem se interessa pela história dos sambas e da Praça Onze, mas nem tanto pelas teorias que conduziram a pesquisa. Minha pretensão foi despertar a curiosidade do leitor, pois música popular e samba são assuntos inesgotáveis que podem (e devem) ser abordados de muitos pontos de vista. O meu foi apontar os caminhos criativos escolhidos por sambistas para dar o seu recado e entender como o samba e a Praça Onze contribuíram para forjar nosso pertencimento. A música é a linguagem que une pessoas de classes sociais, níveis culturais e ideologias diversas, às vezes contraditórias. Entender como é feita foi a ideia dessa pesquisa. Foi um prazer mergulhar no tema e, se esta leitura despertar sua curiosidade, sua vontade de ouvir mais música e aprofundar no assunto, terei atingido meu objetivo.

Beatriz Coelho Silva (Totó)

16

1. Como o samba cresceu e apareceu na Praça Onze

A música popular pode seguramente ter um papel numa estratégia de controle social por sua influência midiática que se situa entre a ideologia oficial e a consciência popular (Larry Portis, 1997, p.69).

"Pelo Telefone", de Donga e Mauro de Almeida, a música mais cantada no Carnaval de 1917, foi consagrada, na história da música popular brasileira, como o primeiro samba lançado em disco. Há uma enorme discussão sobre essa canção: se seria mesmo o primeiro samba gravado, qual era a letra original, quem eram realmente seus autores e até mesmo se era samba ou maxixe, outro gênero musical popular no início do século XX. Existem muitos e excelentes livros sobre a história do samba, seus primórdios, mas o que nos interessa aqui é que, com o êxito comercial desse samba, a indústria fonográfica, então iniciante, descobriu uma fonte de possíveis sucessos para alimentar um público ávido por novidades e disposto a pagar e levar para casa o que era uma inovação tecnológica: a música registrada em disco. Música que comentava e satirizava o cotidiano da população carioca e que, antes, só podia ser ouvida em casas, teatros ou festas populares (BARBOSA, 2009).

Samba ou maxixe, "Pelo Telefone" é a típica música produzida pelos descendentes de escravos que viviam na Praça Onze, bairro de imigrantes pobres que chegavam ao Rio de Janeiro aos borbotões, na primeira metade do século XX. À época, a então Capital Federal era o maior porto do Hemisfério Sul e vivia uma tumultuada *belle époque* tropical. Havia farta oferta de emprego para profissionais especializados ou não. Boa parte desses imigrantes ia para a Praça Onze, tida como berço do samba que, se não nasceu no bairro, lá se tornou conhecido e divulgado. Com as muitas reformas urbanas por que passou o Rio de Janeiro desde o início do século XX, hoje é difícil imaginar a configuração da Praça Onze à época: ia do sambódromo (ou Passarela do Samba Darcy Ribeiro, seu nome oficial) até o Elevado Paulo de Frontin, ocupando também a margem direita do Canal do Mangue (hoje o lado ímpar da Avenida Presidente Vargas) até as fraldas do maciço da Tijuca.

Havia, realmente, um logradouro com o nome de Praça Onze de Junho, em homenagem à Batalha do Riachuelo, que, em 1865, marcou a vitória do Brasil na Guerra do Paraguai. Em volta dela, as ruas tinham traçado regular e as mais movimentadas eram a Senador Eusébio e a Visconde de Inhaúma, que desapareceram, nos anos 1940, para a Avenida Presidente Vargas passar. Outras ruas também foram eliminadas nos anos 1980, quando o metrô se estendeu até a Zona Norte do Rio e hoje persistem uma ou outra rua ou vila quase totalmente escondidas pela grandiosidade do sambódromo. Só é possível ter uma ideia de sua localização e configuração porque, felizmente, o Rio de Janeiro é uma das cidades mais fotografadas do mundo e há farto material de arquivo sobre o passado da cidade. Além de Dom Pedro II ter sido entusiasta da fotografia, nas primeiras décadas do século XX, a prefeitura tinha fotógrafos contratados para registrar suas obras. Essas fotos formam um rico acervo histórico da cidade. Boa parte está no Arquivo Geral da Cidade do Rio de Janeiro, não por acaso, localizado na área onde foi a Praça Onze.

Até o início do século XIX, o local era conhecido como Rocio Pequeno, praticamente desabitado, insalubre, com charcos e manguezais, uma passagem pouco usada entre o centro da cidade e o bairro de São Cristóvão, onde vivia a parca aristocracia colonial. Com a chegada da Família Imperial, em 1808, e sua instalação na Quinta da Boa Vista, em São Cristóvão, abriu-se uma estrada até o Paço Imperial (localizado no Centro, na então Rua Direita, hoje Primeiro de Março). Por esse caminho passavam a família imperial portuguesa e sua corte, foco de atenção da população e exemplo de comportamento a ser copiado. Nas novas ruas de traçado simétrico, a alta burguesia construiu seus palacetes, chácaras e mansões para ficar à vista da nobreza nacional e portuguesa (SILVA, 2015).

Com a Proclamação da República (1889) e a expansão dos transportes urbanos, a paisagem humana se modificou. Enquanto a alta burguesia se mudava para Tijuca, Santa Teresa e para os bairros da orla (Glória, Flamengo e Botafogo, porque as praias oceânicas, Copacabana, Ipanema e Leblon, eram areais longínquos e de difícil acesso), os imigrantes pobres que chegavam da Europa, Oriente Médio (então Império Otomano) e do interior do Brasil foram morar lá. Nas últimas décadas do século XIX, os negros começaram a chegar, vindos principalmente de Minas Gerais, interior do Estado do Rio de Janeiro e da Bahia, movimento que se intensificou com a abolição da escravatura em 1888. As chácaras e mansões deram lugar a fábricas de móveis, gráficas, pequenas oficinas, casas de comércio atacadista ou pequeno varejo, açougues, restaurantes, padarias e tabernas. Havia também muitos artesãos que dividiam espaço em dependências dos antigos casarões ou na rua, além de mulheres que vendiam comida na rua, doces, salgados e, até mesmo, refeições rápidas.

O Censo de 1906 informa que lá viviam cerca de 200 mil pessoas, amontoadas em cortiços (ou cabeças de porco, como dizem os cariocas), os antigos casarões que, muitas vezes, se tornaram imóveis mistos, com comércio no andar térreo e moradia no superior. Habitações desse tipo, celebrizadas pelo escritor Aluísio Azevedo, no romance *O Cortiço* (1890), eram:

> (...) local não só da moradia possível de muitos, mas, principalmente, para mulheres, local de trabalho de suas tarefas domésticas feitas para fora: as lavadeiras trabalhavam cercadas por suas crianças, as doceiras, as confeiteiras, costureiras tornavam essas habitações coletivas pequenas unidades produtivas. Os cortiços eram local de encontro para gente de diferentes raças, ali chegada por vários trajetos, que se enfrentava e se solidarizava frente às duras condições da vida para o subalterno e o pária na capital (MOURA, 1995, p. 54).

No livro *Tia Ciata e a Pequena África do Rio de Janeiro*, Roberto Moura descreve um desses cortiços: 114 cômodos divididos por biombos, onde vivam famílias. Alguns tinham pequenas cozinhas, mas nenhum banheiro, substituído por 12 latrinas "com bancos de cimento, corridos, sem nenhuma divisória, em sua proposta de atender a todos os moradores" (1995, p. 51). As condições de habitação tornavam o lugar insalubre e os governos federal e municipal, em busca de modelos civilizatórios europeus, elaboravam planos para mudar o local. Uma civilização idealizada: a Europa, no início do século XX, enfrentava problemas econômicos, sociais e políticos que obrigaram boa parte da população a emigrar para sobreviver (HOBSBAWM, 1994). Havia ainda questões nacionalistas e religiosas que culminaram com duas guerras envolvendo praticamente todo o continente, entre 1914 e 1945.

Em *Paisagem Estrangeira: Memórias de um Bairro Judeu no Rio de Janeiro*, a historiadora e arquiteta Fânia Fridman (2007) lembra que os planos para o Centro do Rio de Janeiro eram uma idealização burguesa de civilização, que unia beleza (acabar com os cortiços e tirar os pobres da paisagem), conveniência (melhorar a circulação urbana) e segurança (facilitar a vigilância sobre esses imigrantes, brasileiros ou não, com hábitos, vestes e religiões considerados exóticos). No entanto, o bota-abaixo dos dois primeiros decênios do século XX, que varreu a população pobre do Centro do Rio (com o desmonte dos morros do Castelo e Santo Antônio e a abertura da Avenida Central, hoje Rio Branco) não atingiu a Praça Onze. Não se sabe se devido ao poder político dos proprietários dos imóveis dos cortiços, que não abriam mão da renda dos aluguéis, ou "pela resistência dos moradores que já haviam tornado o bairro palco de festas populares como o Carnaval, o Natal e a Festa de Nossa Senhora da Penha" (SILVA, 2015, p. 77).

Realizada em outubro, a Festa da Penha era palco de lançamento dos sambas que seriam cantados no Carnaval seguinte. Vinha gente da Cidade Nova, Mangueira, Tijuca, Madureira, Ramos e cidades vizinhas para ouvir e mostrar as novidades. Oficialmente, foi criada em 1808, pelo futuro rei Dom João VI, mas há relatos do evento desde o século XVII, no morro mais alto do Complexo do Alemão, Zona Norte do Rio de Janeiro, onde a Basílica de Nossa Senhora da Penha foi construída entre 1870 e 1900. Até a Abolição, em 1888, os senhores pagavam promessas no santuário e os escravos, ao pé do morro, faziam batuques que atravessavam o fim de semana. Após a Abolição, a festa cresceu, tornando-se o segundo maior evento do Rio de Janeiro, superado só pelo Carnaval. Calcula-se que mais de 100 mil pessoas participavam da celebração. Também na Festa da Penha, as mulheres da Cidade Nova ofereciam seus quitutes e estabeleciam sua rede de solidariedade com moradoras de outros bairros, criando seu capital social. A partir dos anos 1930, os sambistas tinham o rádio e o cinema para lançar suas músicas e a Festa da Penha perdeu importância, embora mantivesse enorme público até os anos 1960.

A Praça Onze era um bairro pobre, mas bucólico e animado, como lembra em seu livro *Recordando a Praça Onze* o advogado Samuel Malamud, um judeu russo que chegou adolescente nos anos 1920:

> No centro da praça, no início dos anos 20, havia um belíssimo jardim com árvores frondosas e banquetas floridas. Nas veredas, havia bancos onde os frequentadores ou transeuntes costumavam repousar, para se abrigar do calor. Esses bancos serviam, com frequência, de leito para boêmios e mendigos em noites menos frias. Num canto do jardim ficava o coreto onde, aos domingos, a banda da polícia militar entretinha os visitantes com músicas clássicas e populares. No centro, um repuxo artisticamente elaborado. Esse repuxo encontra-se atualmente instalado no Alto da Boa Vista (1988, p. 19).

O escritor Ronaldo Wrobel, cujos antepassados chegaram no bairro nos anos 1920, diz que o local era cosmopolita, mas de um cosmopolitismo pobre, porque havia gente de várias partes do Brasil, da Europa e do Oriente Médio, além dos negros de origem africana, claro, misturando hábitos, idiomas e religiões, mas sem o *glamour* imaginado em Paris ou Nova York atuais. Na Praça havia, sim, intensa vida boêmia, com pessoas circulando dia e noite, num tempo em que não existia televisão e as casas não tinham refrigeração. Ficava próximo à zona de baixo meretrício, onde se apresentavam músicos já consagrados, como Sinhô (José Barbosa da Silva), Benedito Lacerda (parceiro de Pixinguinha) e outros que ficariam famosos, como o pernambucano Luiz Gonzaga, recém-chegado ao Rio de Janeiro. Artistas, imigrantes, malandros e trabalhadores, todos se encontravam nos bares espalhados pelo bairro, especialmente ao redor da praça (SILVA, 2015). Malamud cita três, o Praça Onze, o Capitólio e o Jeremias, e descreve como eram:

> Os frequentadores acomodavam-se em torno das mesas, batendo papo, descansando, lendo jornal, tratando de negócios, contando piadas, discutindo assuntos comunitários, fazendo fofocas, revendo os cartões de vendas a prestação, encontrando amigos, tirando um cochilo ou simplesmente vendo o tempo passar. Não faltavam preguiçosos e malandros para quem o botequim era um refúgio. Na parte dos fundos do salão, ficavam as mesas de bilhar, onde, desde cedo, até altas horas da noite, exímios jogadores se empenhavam em demonstrar sua habilidade, alguns como mero passatempo e outros apostando quantias às vezes bem altas (1988, p. 26).

As festas eram frequentes, especialmente nas casas dos negros, onde as cerimônias religiosas eram precedidas ou seguidas (no mais das vezes) de batuque. Atravessavam dias e aconteciam nas casas de mulheres que exerciam uma liderança em sua comunidade, por acolherem os recém-chegados e servirem de elo entre os negros pobres e os poderes constituídos. Essas mulheres eram chamadas de baianas e vestiam-se como tal, embora nem todas viessem daquele estado. A mais conhecida era Tia Ciata (Hilária Batista de Almeida), na casa de quem teria sido composto "Pelo Telefone". Em *Tia Ciata e a Pequena África do Rio de Janeiro*, sua neta Lili (Licínia da Costa Jumbeba) conta ter saudades dos sambas, "que duravam dois, três dias, com a turma toda firme" (MOURA, 1995, p. 148). Donga, em seu depoimento ao Museu da Imagem e do Som do Estado do Rio de Janeiro (MIS-RJ), confirma que frequentava essas festas desde os quatro ou cinco anos (FERNANDES, 1970). E conta como era:

> Na minha casa houve samba de oito dias ininterruptos. Era um prazer. O sujeito vinha e descia. Depois ia trabalhar e voltava para o samba. Era na base do que o baiano tem no coração. Baiano sempre foi farto. Não é querer elogiar, mas tinha prazer em receber a turma, tanto fazia ser por dois ou oito dias. Chamava-se "abarracar". Eles abarracavam oito dias sambando (DONGA, *apud*, FERNANDES, 1970, p.84).

A mãe de Donga, Amélia Silvana de Araújo, chegara ao Rio de Janeiro com o marido e os filhos no fim dos anos 1880 e era uma das baianas que promoviam reuniões musicais/religiosas em casa. Essas mulheres e suas festas nem sempre eram bem vistas pela imprensa ou pela sociedade que vivia nos bairros considerados nobres. Se havia músicos como Heitor Villa-Lobos, Mário Lago ou Noel Rosa, filhos da burguesia carioca, que frequentavam as festas das baianas e os bares da Praça Onze, como conta Rachel Soihet em *A Subversão pelo Riso: Estudos sobre o Carnaval da Belle Époque ao Tempo de Vargas*, havia também quem visse naqueles hábitos evidência da brutalidade e da incivilidade dos negros. Em 1906, em *As Religiões do Rio*, João do Rio (Paulo Barreto) foi feroz ao afirmar que nas casas onde ocorriam as festas havia "na atmosfera um cheiro carregado de azeite de dendê, pimenta da costa e catinga" (1906, p. 4). A opinião sobre as mulheres era pior ainda:

> São as demoníacas e as grandes farsistas da raça preta, as obsedadas e as delirantes. A história de cada uma delas, quando não é uma sinistra pantomima de álcool e mancebia, é um tecido de fatos cruéis, anormais, inéditos, feitos de invisível, de sangue e morte (BARRETO, 1906, p. 6).

Nos anos 1990, no artigo "As Tias Baianas Tomam Conta do Pedaço: Espaço e Identidade Cultural no Rio de Janeiro", a historiadora Mônica Velloso contestaria João do Rio. Segundo ela:

> Nas camadas populares, a mulher – muitas vezes chefe de família – tinha inestimável poder de iniciativa, virando-se de mil formas para garantir o sustento dos seus. Excluída do mercado de trabalho formal, ela vivia normalmente da prestação de serviços, os mais variados possíveis. Essa intensa participação no mundo do trabalho influenciou a própria personalidade dessas mulheres, interferindo na sua maneira de pensar, sentir e de se integrar à realidade. Contrastando com as mulheres de outros segmentos sociais, ela se comportava de forma desinibida e tinha um linguajar mais solto e maior liberdade de locomoção e iniciativa (1990, p. 217).

A família do compositor e cantor João da Baiana era outro exemplo de imigrantes negros da Praça Onze e também dava festas como as da casa de Donga, em que todos eram bem chegados (é preciso lembrar que havia outros grupos como judeus, árabes, ciganos etc.). No depoimento dado ao MIS-RJ, João da Baiana conta como eram essas festas:

> Tinha samba corrido, que era com coro. Este samba que nós cantamos, que responde com coro era o corrido. Agora tinha o samba do partido-alto. É o que eu canto com Donga e Pixinguinha e eu e o Donga sambamos. Partido-alto cantava ou dupla ou trio ou quarteto. Nós tirávamos os versos e o pessoal sambava. Sambava um de cada vez. Agora, o samba corrido é que é todos, fazendo coro. Samba duro já é batucada. Era a capoeiragem, a parte de capoeiragem. Formava-se a roda e tiravam-se os cantos. Aí, saía um pra tirar o outro. Se fosse a liso, era só *imbigada* que dava. Se fosse para pegar duro, dava queda, capoeiragem. Fazia parte da capoeiragem. Os cantos eram dos orixás, cada orixá tinha um canto. Eram chamados ponto (BAIANA, MIS-RJ, 1966).

Se, como disse João da Baiana, o batuque e a "capoeiragem" aconteciam nos quintais, toda a casa era ocupada com música, como conta Luiz Tatit (2008), sobre as festas na casa de Tia Ciata:

> Além do terreiro já comentado, a moradia dispunha de outros cômodos de fundo, nos quais se executavam sambas de diversão talhados para os passos de dança, mas já contendo versos improvisados – espécie de versão profana dos antigos cantos responsoriais – que aos poucos iam se fixando. Imagina-se, então, nos cômodos

intermediários ou antessalas de visita, os já consagrados lundus e polcas garantindo a animação dos bailes de classe média. E, na sala de visita, por fim, o choro que já desfrutava de um certo prestígio e reproduzia, por vezes, a situação de sala de concerto, onde se apresenta "música para ouvir" (2008, p. 31, grifo do autor).

Esse tipo de reunião musical não era exclusividade do Rio de Janeiro ou do Brasil. No artigo "Modernidad y Música Popular en América Latina", o antropólogo colombiano Alejandro Sanmiguel a localiza em toda a América, no início do século XX:

> Uma intensa e diversificada corrente sonora brotava nos bairros e guetos negros, nos arrabaldes e subúrbios, habitados por marginais, proletários, imigrantes, escravos e libertos, assentados nas capitais e nas principais cidades e países que saíram do colonialismo para estrearem como repúblicas nascentes, Estados nacionais supostamente livres e independentes (1991, p. 58).

Para Sanmiguel, o surgimento dessa música e sua posterior divulgação pelos veículos de comunicação de massa, o rádio e o disco, são o traço solitário de modernidade nas Américas. Modernidade que, na *belle époque* europeia, atingiu as artes e outros campo de conhecimento, como a física, a linguística e a filosofia, além do desenvolvimento tecnológico com o avião, o trem, o telégrafo e o carro (1991). Ele acrescenta que, do lado esquerdo do Atlântico, a modernidade tecnológica, artística e social não atingiu as populações pobres das Américas, emigradas das áreas rurais para a periferia das grandes cidades. Sanmiguel adota o conceito do poeta francês Charles Baudelaire para quem "o modernismo se define pela tensão entre o efêmero e o eterno, tanto nas práticas artísticas quanto nos juízos estéticos feitos em seu nome" (BAUDELAIRE *apud* SANMIGUEL, 1991, p. 54).

Em compensação, nas periferias das metrópoles americanas, criou-se uma música híbrida que se tornou o gênero nacional em cada país: o jazz nos Estados Unidos, a salsa em Cuba, a milonga e o tango no Uruguai e na Argentina e o samba, o maxixe e o choro no Brasil. Sanmiguel lembra que aqui houve uma Semana de Arte Moderna em 1922, em São Paulo, mas o movimento atingiu uma parte da elite financeira e cultural, poucos artistas e seus mecenas (1991), que às vezes acumulavam a função, caso da pintora Tarsila do Amaral, filha da oligarquia cafeeira paulista.

Já as músicas criadas pelos pobres das periferias das metrópoles americanas, como Havana, Buenos Aires, Santiago do Chile, Nova York ou New Orleans, eram ligadas a rituais religiosos de origem africana e uniam os grupos que as produziam, fortaleciam os laços de parentesco e solidariedade social no rito sagrado ou na festa profana. Na origem, eram:

> Uma produção coletiva que se consome também coletivamente. Com o avanço da modernidade e a partir da indústria cultural – através do rádio e do disco – esta música perderá, aos poucos, suas características essenciais: deixará de ser música ritual exclusivamente sagrada para converter-se, progressivamente, em profana, ainda que conservem no ritmo e na letra as referências originais. Por outro lado, perderá o caráter de produção anônima e coletiva para tornar-se criação individual, para dar lugar a um consumo também individualizado, através da compra-venda-audição do disco no gramofone. Disso dão provas as disputas pela proprieda-

de autoral tão frequentes no começo do século em Buenos Aires, Havana e Rio de Janeiro, onde entrou para a história uma famosa polêmica sobre o primeiro samba gravado que foi um êxito: "Pelo Telefone", em 1917 (SANMIGUEL, 1991, p. 58).

Com Sanmiguel (1991) concordam os pesquisadores brasileiros Luiz Tatit (em *O Século da Canção*) e Flávio Aguiar Barbosa (*Palavra de Bamba: Estudo Léxico-discursivo de Pioneiros do Samba Urbano Carioca*), que analisam as letras de músicas brasileiras. Mas, antes, é preciso falar um pouco sobre o rádio e o disco, novidades tecnológicas da época, fundamentais para a divulgação do samba. A indústria fonográfica chegou ao Brasil com o século XX, trazida pelo judeu tcheco Frederico Figner, que passara antes pelos Estados Unidos, de onde trouxe o equipamento para registrar sons. A primeira música gravada foi o lundu "Isto É Bom", de Xisto Bahia, cantado por Baiano (Manuel Pedro dos Santos), acompanhado apenas pelo violão, lançado em 1902 pela Casa Edson, a primeira gravadora brasileira. A gravação era precária, em cilindro metálico, algo parecido com caixas de música. A partir de 1904, quando aqui chegaram os gramofones com discos de cera, outros cantores e compositores tiveram oportunidade de registrar suas obras e ainda ganhar dinheiro com elas, o que não ocorria até então, até porque a execução pública dessas músicas não era vista com bons olhos pela polícia. Mesmo as festas em que eram tocadas e cantadas deviam ser comunicadas à polícia, como contou João da Baiana ao MIS-RJ (BAIANA, 1966).

Para Rachel Sohiet, as festas tinham um cunho de protesto e crítica política e social porque "os sambas, de modo geral, constituíam um dos veículos privilegiados para que os populares retratassem os desacertos daqueles que os oprimiam. Ao mesmo tempo, serviam-se deles para rir de situações das quais não se excluíam" (1998, p. 100). Segundo Tatit, essa música, feita nos quintais das baianas, era ideal para o novo veículo que surgia. Para ele, juntou a fome com a vontade de comer: "os empresários precisavam testar seus aparelhos com uma forma musical adequada e os artistas desejavam registrar suas canções... e evidentemente ganhar 'um dinheirinho'" (TATIT, 2009, p. 95, grifo do autor). No entanto, na mesma fala, Tatit evidencia que o preconceito contra os sambistas não ficou represado no século XX.

> Somente as casas das *tias* davam abrigo aos improvisadores de versos, aos violonistas e ritmistas que, quase sempre desempregados, passavam o tempo inventando refrãos e desenvolvendo seus dotes musicais espontâneos. Foi nos fundos dessas casas que os pioneiros do gramofone encontraram esses "artistas" em potencial, lapidando, sem o saber, a sonoridade ideal para o tipo de gravação que buscavam (TATIT, 2009, p. 94, grifo do autor).

Quando fala que os músicos negros passaram o tempo "desenvolvendo seus dotes musicais espontâneos" (TATIT, 2009, p. 94) e coloca aspas na sua qualificação de artista, o pesquisador parece ignorar que o conhecimento e o saber, nesses grupos, eram transmitidos formalmente, mas não pelas escolas convencionais (frequentadas por muitos deles) que atendiam a expectativas das classes burguesas, as mesmas que tinham fascínio e repulsa pela cultura dos negros. Evidência desse meio, não oficial, mas formal de transmitir o conhecimento é dada pelo compositor Heitor dos Prazeres citado por Mônica Velloso: "O aprendizado passava-se 'boca a boca'. Ser conterrâneo era condição essencial para ingressar na rede de intercâmbios onde o saber estava sempre em circulação" (PRAZERES, s/d *apud* VELLOSO, 1990, p. 213, grifo da autora).

O mesmo pode-se dizer da intimidade dos compositores com a língua portuguesa e com a norma culta, como se verá na análise das músicas. Afinal, improvisar versos com rimas ricas e sem erros gramaticais era qualidade imprescindível do bom versejador. Ademais, como ressalta Clara Sandroni, cantora e professora de Canto Popular da Universidade Federal do Estado do Rio de Janeiro (UniRio), fazer música não é um ato natural, depende de estudo (formal ou não) e preparo. Com ela concorda o linguista Luiz Antônio Marcuschi, no artigo "Gêneros Textuais: Definição e Funcionalidade". Segundo ele, um gênero textual (música é um deles) não é natural, é um artefato criado para suprir uma necessidade (2010).

Ressalta feita, Tatit acerta ao dizer que a gravação das músicas que cantavam nas festas foi vantajosa para os compositores porque, com o registro, não havia mais o risco de as canções caírem no esquecimento. O acesso dos sambistas, geralmente negros, à gravação costumava ser intermediado por cantores de sucesso, brancos, vindos da classe média ou alta. "Institui-se, desse modo, a compra de parcerias, pois cantores como, por exemplo, Francisco Alves e Mário Reis, além de interpretarem as canções ainda pagavam pelo direito de figurarem como compositores, recebendo direitos autorais" (BARBOSA, 2009, p. 46).

A possibilidade de ter a música gravada e, em consequência, fama e dinheiro, mudou a forma de os compositores criarem. "Passaram a se comunicar com diversos grupos sociais, com que ao mesmo tempo não compartilhavam os mesmos códigos de valores" (BARBOSA, 2009, p. 68). O samba, antes apresentado só em festas privadas, com um refrão cantado por todos e estrofes improvisadas por versejadores, passou a ser composto em bares (ponto de reunião, como se viu anteriormente), com duas partes fixas e complementares, cada uma feita por um músico. O melhor exemplo desse tipo de parceria é a marcha-rancho "As Pastorinhas", de Braguinha (Carlos Alberto Ferreira Braga) e Noel Rosa. A primeira estrofe, de Braguinha, descreve, de forma lírica, as pastorinhas que, na Festa de Reis (6 de janeiro) saíam pela rua saudando a lua; a segunda estrofe, de Noel Rosa, faz um apelo, se não erótico, ao menos romântico, a uma das pastoras.

O rádio foi outra modificação importante. Inventado em fins do século XIX, chegou ao Brasil em 1922, no Centenário da Independência, com a transmissão de um discurso do presidente Epitácio Pessoa para 80 aparelhos distribuídos entre Rio de Janeiro, Niterói e Petrópolis. Levaria dez anos para tornar-se viável comercialmente. A primeira emissora, a Rádio Sociedade do Rio de Janeiro, fundada em 1923, só tocava música erudita e era sustentada com contribuições dos ouvintes. Pouco depois, surgiram as emissoras Mayrink Veiga (1926) e Educadora (1927) e a concorrência fez com que se buscasse conteúdo mais ao gosto popular. A partir de fevereiro de 1932, o *Programa Casé* revolucionou toda a programação, com reflexos até hoje, inclusive na televisão. Ademar Casé (que era avô da atriz Regina Casé) havia sido contratado pela empresa holandesa Philips para impulsionar a venda de aparelhos de rádio e criou um programa de variedades em que a música era a principal atração, tocada em disco ou ao vivo, no estúdio da emissora. Para isso, contratou cantores e instrumentistas que se apresentavam diariamente em horário fixo e recebiam cachê por apresentação.

Um arranjo que beneficiava empresários da nascente indústria cultural e artistas e facilitaria tornar o samba um símbolo do Brasil, como conta Hermano Vianna, sobretudo porque se dava no Rio de Janeiro, então Capital Federal, onde "já havia as rádios e as gravadoras e o interesse político que facilitariam (mas não determinariam – isso é outro problema) sua adoção como nova moda em qualquer cidade brasileira" (1995, p. 110).

O interesse político de que fala Hermano Vianna veio com a Revolução de 1930, golpe que implantou o Estado Novo (1930-1945) e encerrou a Primeira República, em que as oligarquias agrícolas de Minas Gerais e de São Paulo alternavam-se no governo. O gaúcho Getúlio Vargas, líder da revolução, tinha propósito de fortalecer o sentimento nacional. O samba tornou-se um dos símbolos da brasilidade. Embora, até então, não fosse levado a sério pela intelectualidade (que, no entanto, apreciava o gênero), ganhou *status* de arte popular. A escolha da música como instrumento político não foi acaso. Em 1928, em sua rápida passagem pela Câmara Federal, Getúlio Vargas criara a lei que regulava os direitos do autor nos veículos de comunicação de massa que então se popularizavam. Além do rádio e do disco, o cinema brasileiro, produzia filmes em que se divulgavam as músicas lançadas para o Carnaval ou para o meio do ano. Chamado chanchadas, tinham um fio de enredo e muitos números musicais, precursores dos videoclipes. Ou seja, muito antes de o historiador norte-americano (radicado na França) Larry Portis formular sua tese sobre a força política da música popular presente na epígrafe deste capítulo, o presidente Vargas a pôs em prática.

A historiadora Lucia Lippi, do Centro de Pesquisa e Documentação da Fundação Getúlio Vargas (CPDOC-FGV), em reportagem no jornal *O Estado de S. Paulo*, nos 50 anos do suicídio do presidente, assim destaca:

Com Getúlio, a cultura foi incluída no projeto político. Começou com a criação do Ministério da Educação e da Saúde (MES) no início dos anos 30 e acentuou-se com a gestão de Gustavo Capanema de 1934 a 1945, assessorado pela intelectualidade da época. Várias instituições desse período mantêm suas atribuições, com nomes modificados, como o Instituto do Patrimônio Histórico e Artístico Nacional (Iphan) criado em 1936. Mas o principal embate da época, decidir quem definiria o projeto cultural, o Estado ou o mercado, é a discussão do momento (SILVA, 2004).

Na Era Vargas, nosso show virou *business*, profissionalizou-se. Os artistas passaram a receber cachês e não mais dependiam da ajuda de mecenas, como os capitalistas da família Guinle, que financiavam Pixinguinha e Villa-Lobos, entre outros. Gaúchos que exploravam as docas do Porto de Santos, os Guinle eram parceiros informais dos governos federais desde o início do século e trouxeram um *glamour* cosmopolita para a Era Vargas. Segundo a historiadora Lia Calabre, na mesma reportagem d'*O Estado de S. Paulo*, a profissionalização se acentuou com a Rádio Nacional, fundada em 1936 pelo grupo do jornal *A Noite* e encampada pelo governo federal em 1940:

> Os artistas contratados tinham longas férias e viajavam para apresentar-se pelo Brasil, aumentando sua popularidade e, consequentemente, a audiência da Nacional. E assim completavam seus salários, naquela época, tal como acontece hoje. A Nacional faturava com anúncios, mas prescindia do lucro e mantinha programas deficitários, orquestras e elencos milionários (SILVA, 2004, s/p).

Hermano Vianna contesta a ideia de que o samba se tornou prestigiado e o ritmo nacional por excelência graças ao rádio e ao disco, embora não negue a importância desses veículos para sua popularização em nível nacional. Ele parte de um encontro de Gilberto Freyre, recém-chegado da Europa, Sérgio Buarque de Holanda e Prudente de Moraes com sambistas, em 1926, descrito como "uma noitada de violão, com alguma cachaça" (*Revista da Semana*, 1926, *apud* VIANNA, 1995, p.19) e volta no tempo para mostrar que os cantores e instrumentistas populares já faziam sucesso junto à elite brasileira. Cita como exemplo os Oito Batutas, grupo de Pixinguinha, modinheiros como o mestiço Caldas Barbosa (segundo Vianna, citado pelo crítico e historiador José Ramos Tinhorão) e relatos de viajantes contando que as festas brasileiras, desde início do século XIX, começavam nos salões e terminavam nos terreiros com batuques dos escravos (1995). Ele cita o antropólogo mexicano Néstor Garcia Canclini, em *Culturas Híbridas*: "O popular se constitui de processos híbridos e complexos, usando como signos de identificação elementos procedentes de diversas classes ou nações" (CANCLINI, *apud* VIANNA, 1995, p. 35).

No artigo "Letra de Música É Poesia?", o filósofo e letrista Francisco Bosco é consoante com Canclini ao especificar que "o fenômeno da canção popular brasileira se caracteriza por ser um sistema complexo, híbrido, feito de contaminações entre oralidade e escrita, cultura de massas e vanguarda, nacionalismo e cosmopolitismo, etc". (BOSCO, 2006, p. 59). Hermano Vianna (1995) vai além, dizendo que o fenômeno não é só brasileiro pois as músicas, então periféricas porque feitas por descendentes de escravos e imigrantes pobres das Américas, não precisaram dos meios eletrônicos ou mesmo dos discos para se influenciarem mutuamente. Mas ele lembra que, para o samba tornar-se a expressão artística nacional, foi preciso inventar uma tradição, uma autenticidade nacional, com origens diversas: "um traje de baiana aqui, uma batida de samba ali, para compor um todo homogeneizado" (1995, p. 61).

O interessante é que o "autêntico" nasce do "impuro", e não o contrário (mas, em momento posterior, o "autêntico" passa a posar e primeiro e original, ou pelo menos, de mais próximo das "raízes"). O primeiro samba misturou muitas "expressões" musicais, logo foi "amaxixado" e, depois, "depurado" pelos compositores do Estácio (VIANNA, 1995, p. 122, grifo do autor).

Barbosa ressalta que os negros não eram um grupo único. Havia bantos (que trouxeram o lundu), iorubás (que contribuíram com as cerimônias religiosas) e outras etnias. Ele lembra ainda que outros gêneros musicais europeus (valsa, polca, *schottish*, mazurca etc.) também entraram na receita do samba, pois "a formulação do gênero foi um processo complexo, de intercâmbio entre culturas variadas dos diferentes grupos populares que conviviam nas regiões do porto e da Cidade Nova do Rio de Janeiro" (2009, p. 34).

Num ponto, Vianna (1995), Tatit (2008) e Barbosa (2009) concordam: o samba mudou para virar produto da indústria cultural. O maestro e produtor fonográfico Paulão 7 Cordas (Paulo Roberto Pereira de Araújo), em entrevista para esta pesquisa, afirmou: "O samba, inicialmente, não tinha muita variação melódica, era bem simples harmonicamente. A letra era importante e a parte percussiva já tinha bastante elementos" (2019, p. 183). Tatit, em *O Século da Canção* (2008) completa que, para serem tocadas em disco ou no rádio, as músicas foram divididas em períodos do ano. Havia o repertório específico para o Carnaval (lançado entre novembro e janeiro e divulgadas também no cinema) e o de meio de ano. Além disso, passaram a ter duas partes – um refrão e segunda parte – e compatibilidade entre melodia e letra. Os sambistas preferem falar em primeira e segunda partes e Barbosa acrescenta que cada parte era criada por um compositor, o que fortalecia as parcerias. Ele lembra que a parceria em que um faz a letra e o outro, a música só se tornaria recorrente nos anos 1960, com a Bossa Nova (BARBOSA, 2009).

A compatibilidade entre letra, ritmo e melodia vinha de muito antes. A combinação de sílabas tônicas e átonas já marcava o sincopado característico do samba desde o início.

Em depoimento ao MIS-RJ, em 1966, Pixinguinha confirma, ao entrevistador não identificado, que os arranjos dos sambas também mudaram com a gravação:

> **MIS** – Antigamente, as músicas eram cantadas e tocadas pelas orquestras num tom só, de fora a fora. Pixinguinha passou a fazer diferente. Primeiro, compunha a maioria das introduções. Era o que chamava logo a atenção do público. Depois entregava a música ao cantor. Este cantava no seu tom e quando acabava a primeira ou a segunda parte Pixinguinha então modulava a música, ou seja, fazia uma série de acordes, possibilitando a orquestra de executar em outro tom bem mais adequado a ela. Isso se passava realmente?
> **PIXINGUINHA** – Exatamente, você adiantou tudo o que eu poderia dizer (FERNANDES, 1970, p. 34).

A cantora e professora de Canto Popular Clara Sandroni (2019), Barbosa (2009) e Tatit (2008) concordam que o modo de cantar mudou com o disco e o rádio. Também em entrevista para esta pesquisa, ela fala que, nas festas das casas das baianas, o samba era improvisado e cantado com uma voz que "seguia a tradição daquele grupo" (SANDRONI, 2019, p. 195), voz que os dois outros pesquisadores identificam mais com a fala que com o canto, visto que a música era um recado, um comentário do cotidiano daquela população (TATIT, 2008; BARBOSA, 2009). Mas Clara ressalta que os cantores desse samba inicial:

> Usavam recursos interpretativos diferentes dos empregados pelos cantores do rádio. Estes usavam recursos herdados do *bel canto*, como a impostação vocal, própria das operetas e decorrente de não haver microfone para amplificar a voz. Para cantar num ambiente grande, como uma sala de teatro, o cantor tinha que ter um vozeirão (SANDRONI, 2019, p. 195).

Aqui é preciso estabelecer a diferença entre o canto popular e o erudito, também chamado *bel canto*. Clara Sandroni diz que a questão não é simples porque "existem muitos cantos eruditos e muitos cantos populares" (2019, p. 194). Alertando que é uma simplificação extrema, a cantora e professora cita duas diferenças básicas:

> O canto erudito, em geral, requer uma voz mais potente porque trabalha com uma emissão vocal que tem que superar o volume de uma orquestra inteira e tem técnicas específicas para desenvolver este volume vocal. Já o canto popular atual, em geral, se beneficia do microfone. Outra diferença é que na música popular, comumente, canta-se a voz de peito emitida na garganta, às vezes, quando vai para o agudo precisa fazer uma passagem, mas é mais raro. No canto erudito, a mulher canta sempre com a voz cabeça" [como as cantoras de ópera] (2019, p. 194).

Enquanto o samba ganhava prestígio e popularidade, a Praça Onze tornava-se o celeiro onde os produtores fonográficos e os cantores colhiam os futuros sucessos. A partir da década de 1930, o Estácio, bairro contíguo à Praça, também passou a ser procurado para colheita de possíveis hits. Os sambistas passaram a ter renda, recebendo pelos direitos das músicas que compunham ou vendendo-as, em parte ou totalmente, a cantores de sucesso, prática que não era considerada antiética (BARBOSA, 2001). O bairro tornava-se não só o endereço da melhor produção do samba, mas também virou tema de muitas canções produzidas na época, o que não acontecia com o Estácio, mas ocorreria, nos anos 1960, com Ipanema e Copacabana devido à Bossa Nova. A fama tinha base na realidade, pois músicos como João da Baiana, Donga e Heitor dos Prazeres, nascidos e criados na Praça Onze, tinham uma produção musical alentada. Outros, como Noel Rosa, Cartola e Pixinguinha, se lá não viviam, mostravam suas músicas novas nas festas das casas das baianas. Cantores de sucesso, como Carmen Miranda (Maria do Carmo Miranda da Cunha) e (Antônio) Moreira da Silva, encomendavam músicas sobre o bairro.

Além disso, o Carnaval popular dos blocos e escolas de samba (que tomavam a forma como o conhecemos hoje) ganhava fama e começava a ter o apoio do poder público (CABRAL, 1996). Embora o Carnaval dos ricos, com corsos e os desfiles das Grandes Sociedades acontecesse na aristocrática Avenida Central (hoje Rio Branco), aberta no início do século XX para ser um bulevar à *la parisienne*, o Carnaval dos pobres, na Praça Onze, atraía multidões, entre essas, muitos burgueses que eram censurados porque "deixavam a avenida, com seu corso deslumbrante e iam para a Praça Onze 'ver crioulo'" (SOHIET, 1998, p. 57). Segundo a imprensa que cobria o evento, o bairro recebia cerca de 40 mil pessoas por noite, multidão que atravancava a praça e as ruas adjacentes (SILVA, 2015).

Nada disso impediu a demolição do bairro, cuja população diminuíra em 1940, mas ainda era considerável. Para Fânia Fridman, a destruição da Praça Onze foi a forma de o Estado Novo, simpatizante das ideologias antissemitas dos anos 1930 e 1940, conter os judeus que ali se instalaram. Ela apresenta uma tabela do Censo de 1940, divulgada pelo Instituto Brasileiro de Geografia e Estatística (IBGE) indicando que o bairro tinha 110.989 habitantes, 5.202 deles judeus declarados. Os estrangeiros eram 31.085 (FRIDMAN, 2007), quase um terço da população, mas não há informação sobre a população negra ou mestiça, pois esse dado não era computado à época, diferentemente do que ocorre hoje.

Mesmo com a demolição do bairro, em 1942, o tema Praça Onze continuou recorrente na música popular. Se os compositores do bairro, como João da Baiana e Heitor dos Prazeres, raramente o citavam em seus sambas, os de fora incluíam o nome da Praça Onze em suas composições, descrevendo seu ambiente, seus personagens e os anseios de quem ali vivia. No site Musica Brasiliensis, são enumeradas mais de 50 músicas sobre a Praça Onze, gravadas ao longo de 80 anos (THOMPSON, 2013).

Para efeito desta pesquisa, as canções foram divididas em três grupos. As compostas nos anos 1930, descrevendo os hábitos e a vida dos moradores do bairro, de forma quase sempre idílica e/ou romanceada (como se verá na próxima seção); as compostas no calor da notícia de sua demolição, no início dos anos 1940, sempre lamentando a perda do principal endereço do samba no Rio de Janeiro; e a partir dos anos 1960, quando a Praça Onze era lembrada com nostalgia, quase proustiana, como no caso do compositor Zé Kéti. Curiosamente, nos anos 1950, Thompson encontrou apenas três canções falando do bairro, sendo duas sambas-enredo, ou seja, música feita de encomenda para desfile de escolas de samba e, como diz o nome, contando uma história, com um enredo. São "Epopeia do Samba" (Bala, Duduca e José Ernesto Aguiar), com o qual a escola de samba Acadêmicos do Salgueiro desfilou em 1955, e "Samba na Praça Onze" (Antônio Fontes Soares), da Cartolinha de Caxias (hoje Acadêmicos do Grande Rio), em 1958.

Por que "Saudosa Praça Onze", de Waldemar Ressureição e Evaldo Ruy, lançada em 1953 na voz de Linda Batista, é uma solitária canção sobre o tema na década? Houve mais de 30 antes e umas 20 depois, só na contagem de Daniella Thompson. Embora a Praça Onze já fosse um lugar de memória, no sentido que lhe dá Pierre Nora (2012), mesmo antes de sua demolição, talvez se possa afirmar que, nos anos 1950, a nostalgia que alimenta esse tipo de instituição fosse pouco cultivada. Ao menos no Brasil, tudo deveria ser novo e progressista, voltado para o futuro: Bossa Nova, Nova Cap, 50 anos em 5 e outros *slogans*. Indicativo disso é que o hit da década é "Chega de Saudade" (Tom Jobim e Vinicius de Moraes, cantado por João Gilberto em 1958). Essa questão entra aqui "como Pilatos no Credo", pois, por si só, mereceria uma pesquisa à parte. No entanto, é indubitável que a Praça Onze se tornou o *locus* de um passado melhor, uma nostalgia carioca e, por extensão, brasileira.

Essa nostalgia passou a ser alimentada pelo poder público a partir dos anos 1970, quando o desfile das escolas de samba foi levado para a Avenida Marquês de Sapucaí, de onde não saiu até hoje, pois lá foi construído o sambódromo. As marcas da presença negra estão salpicadas pela região, seja no monumento a Zumbi dos Palmares, na saída do Elevado Paulo de Frontin, na Escola Municipal Tia Ciata e no Terreirão do Samba Nelson Sargento, ambos juntos ao sambódromo. Embora a ideia de levar órgãos da administração pública para a Avenida Presidente Vargas não tenha funcionado, o bairro é tratado pelo carioca como se ainda existisse. Prova disso é haver a estação de metrô Praça Onze, no local onde o bairro, hoje inexistente, aconteceu entre o fim do século XIX e 1942. As músicas feitas antes e depois ajudam a manter esse sentimento, como se verá a seguir.

1.1. "Eu canto pra esquecer a nostalgia"

As razões por que a Praça Onze não conseguiu ligar seu destino ao fato histórico que comemora são desconhecidas. O busto do bravo marinheiro Marcílio Dias não foi forte o bastante para vencer uma outra força, a do samba (Jota Efegê. "11 de Junho: A Praça do Samba", in *Jornal do Brasil*, 11/06/1970, p. 4).

A assertiva dessa epígrafe resume as duas questões dessa pesquisa. A primeira diz respeito ao papel do samba na formação da nacionalidade brasileira, no sentido que Benedict Anderson dá ao termo no livro *Comunidades Imaginadas: Reflexões sobre a Origem e a Difusão do Nacionalismo* (2008). A segunda é saber como e em que medida o samba contribuiu para tornar a Praça Onze um lugar de memória, no sentido defendido por Pierre Nora (2012), mesmo sendo um bairro inexistente desde 1942. Como já foi dito, a Praça Onze de Junho assim se chamou para lembrar a Batalha do Riachuelo, em 1865, resultando na vitória da Tríplice Aliança, da qual o Brasil fazia parte, na Guerra do Paraguai. O marinheiro Marcílio Dias, citado na epígrafe, morreu defendendo seu navio, virou herói nacional, mas nem ele conseguiu que o local fosse lembrado por essa passagem histórica, como bem marca Jota Efegê (João Ferreira Gomes). No mesmo texto, ele ressalta que a fama de berço do samba também é injustificada.

> O velho Rocio Pequeno, o remoto largo de São Salvador, não foi o berço do samba como alguém afoitamente apresentou. O samba, perseguido, fora da lei, já desafiava a polícia em vários redutos da cidade (Rua Senador Pompeu, Pedra do Sal, morro da Favela, Arraial da Penha etc.) e ali só se encaminhou nas primeiras dezenas deste século (EFEGÊ, 1970).

Há um grande debate – mais um – sobre o verdadeiro berço do samba, se seria o Estácio, Gamboa ou Pedra do Sal, isso só falando em bairros do Centro do Rio de Janeiro, sem contar com a polêmica se o samba vem do Recôncavo Baiano ou de outros lugares. Embora a discussão não caiba nesta pesquisa, acredito que há samba onde houve escravidão, ainda que nem sempre assim denominado. Na região cafeeira do interior do Estado do Rio de Janeiro, por exemplo, chama-se calango ou caxambu. Nas regiões de mineração em Minas Gerais, recebe o nome de congada, mas na Zona da Mata mineira (Juiz de Fora e adjacências), chama-se samba mesmo. Há, inclusive, estudos recentes de samba (ou seu congênere) na região litorânea de Pernambuco, também chamada de Zona da Mata.

Se o samba não nasceu na Praça Onze, (João da Baiana, em seu depoimento ao MIS-RJ, garante que sim), se a praça deveria lembrar uma glória nacional e seu grande herói, o que provocou essa mudança de foco? A resposta virá, mais adiante, em duas etapas. Na primeira, vai se falar sobre a formação da memória e da nostalgia, que segundo Nascimento e Menandro (2005) são diferentes, mas andam juntas. Tal como aparecem no dicionário *Novo Aurélio Século XXI* (1999), "nostalgia" e "saudade" são sinônimos nesta pesquisa e falo da formação da memória individual, pois, como diz Michel Pollak, "a memória deve ser entendida também, ou sobretudo, como um fenômeno coletivo e social, ou seja, como um fenômeno construído coletivamente e submetido a flutuações, transformações, mudanças constantes" (1987, p. 2).

A segunda etapa vai perscrutar o papel do samba no caso da Praça Onze. Já foi visto como o Estado Novo tirou proveito do sucesso do gênero, veiculado pelo rádio e pelo disco, para fortalecer o sentimento de nacionalidade tão necessário a seu projeto de governo e de poder (VIANNA, 1995). Um processo que teve mão dupla – foi um esforço dos governos e dos próprios sambistas – e se estendeu pelo século passado, com reflexos até hoje. Ressalte-se que não foi uma iniciativa pioneira. Usar um discurso artístico ou um gênero textual com fins políticos para criar identidade já acontecera com a literatura brasileira escrita no Império, quando se criou um Estado brasileiro e recorreu-se a romancistas e poetas para incentivar ou mesmo criar um sentimento nacional. Abordarei essa questão mais adiante, quando falar especificamente do samba e da Praça Onze, foco desta pesquisa.

2. "O X do Problema"

Uma das principais características do samba carioca: a letra como crônica do Rio de Janeiro e da vida nacional... versos registram a vida em português corrente, a partir de uma visão de dentro da classe sociocultural em que se situam o compositor e seu público (Muniz Sodré in *Samba, Dono do Corpo*, 1998).

Quando o assunto é samba, há muitas histórias, versões e controvérsias. Por isso, é preciso esclarecer alguns conceitos usados neste trabalho. Conceitos que podem diferir de outros autores, o que é a regra e não exceção entre pesquisadores de música popular brasileira. Para início de conversa, é preciso lembrar que cada música é um discurso (COSTA, 2001) e que o samba pode ser considerado um gênero textual, na classificação de Marcuschi (2010). Resta conceituar o que é samba. O *Dicionário Michaelis* informa que é um substantivo masculino, com quatro acepções:

1) Dança popular brasileira, de origem africana, derivada do batuque, com variedades urbana e rural, e coreografias diversas, acompanhada de melodia em compasso binário e ritmo sincopado, que se tornou dança de salão universalmente conhecida e adotada. 2) Composição musical própria para essa dança. 3) Espécie de dança de roda com características de batuque. 4) Baile popular agitado, em que a música predominante é o samba; arrasta-pé (MICHAELIS, s/a).

O *Michaelis* lista quinze subgêneros de samba (enredo, de roda, de quadra ou terreiro, sambalanço, de breque etc.), nomenclatura que varia entre estudiosos e sambistas. Por exemplo, o samba de quadra, cantado durante o ano nas escolas de samba, também aparece como samba de terreiro. Além disso, como ensinou o maestro e saxofonista Paulo Moura, em entrevista para o programa *Cantos do Rio*, na antiga TV Educativa, a música tem duas grandes linhas de classificação: o ritmo (samba, valsa, marcha, bolero etc.), que é a forma de dividir o tempo dentro da música; e estilo (jazz, bossa nova, choro, blues etc.), que são jeitos de interpretar. Moura também afirma que uma mesma canção passa de um estilo ou de um ritmo a outro ao bel-prazer e à criatividade de quem a interpreta e, muitas vezes, dentro de uma mesma apresentação. Ou seja, pode sofrer uma mudança de ritmo ou estilo.

Na falta de consenso, uso o critério do compositor Ismael Silva, um dos fundadores do gênero e da primeira escola de samba, a Deixa Falar, em 1928. Ele atribuía a si mesmo (e muitos estudiosos concordam) a criação do ritmo sincopado do samba e ensinava que a batida que o caracterizava era *bumbum paticumbum prugurundum*. Quando é possível falar essas palavras no ritmo da música, é samba (SILVA, 1973). Se não é possível, é outro ritmo (ou gênero). Silva afirmou isso em diversas ocasiões e aproveitei a fala tirada de sua entrevista ao programa *MPB Especial*, apresentado pela TV Cultura em 1973. Realmente, numa valsa de Strauss, "Vozes da Primavera", ou no "Hino Nacional Brasileiro" (uma marcha) é impossível acompanhar dizendo *bumbum*... Para alguns pesquisadores, os sambas da Praça Onze são amaxixados (com pouca síncope) e o do Estácio, onde viveu Ismael Silva, sincopados. Os sambas de João da Baiana, nascido e criado na

Praça Onze, contrariam essa tese que, no entanto, não é foco deste trabalho.

É preciso ressaltar que dois especialistas ouvidos para essa pesquisa, Paulão 7 Cordas e Clara Sandroni, entrevistados separadamente, nem sempre classificam uma mesma música aqui analisada no mesmo subgênero, o que indica que tentar prender uma manifestação artística num escaninho é tarefa mais que inglória, ineficaz. O que se tentará aqui é entender que caminhos compositores e intérpretes escolheram para dar seu recado e não os enquadrar em gêneros discursivos ou textuais, cujos conceitos são, como se viu, fluídos. Até porque, ao se perguntar a um sambista uma definição clara do que é samba, corre-se o risco de ouvir a resposta dada, segundo diz a lenda, por Louis Armstrong, quando lhe pediram para definir o jazz: "Se você não sente que é jazz, é porque não é jazz."

2.1. Quem conta um conto aumenta um ponto?

Para melhor analisar as onze canções sobre a Praça Onze, compostas por quem não morava lá, mas falava do bairro, as músicas foram divididas em três grupos. Os três primeiros sambas, "Na Praça Onze", "Moreno Cor de Bronze" e "Cansado de Sambar", compostos quando o bairro ainda existia, são confessionais e o sujeito poético (ou eu lírico) (con)vive na Praça Onze. Descreve-a como um lugar onde tudo gira em torno da música e da festa, sem obediência à rígida moral vigente na primeira metade do século XX. O segundo grupo de canções ("Praça Onze", "Voz do Morro" e "Bom Dia, Avenida", lançadas no momento da demolição) lamenta a perda do bairro onde aconteciam a música e o Carnaval populares (das populações marginais, ou periféricas, ou desclassificadas, no sentido de não pertencerem a uma classe social específica). Há um tom de protesto e temor de que esse Carnaval e essa música fiquem sem território, sem espaço para acontecer. O terceiro grupo tem canções que reconhecem a Praça Onze como lugar de memória. O "Rancho da Praça Onze" e "Praça Onze, Berço do Samba" são pura nostalgia, sem intenção de narrar como, de fato, era o bairro. "Tempos Idos", "Samba Marca Registrada do Brasil" e "Bumbum" têm cunho historicista. Embora não se busque a intenção do compositor e dos intérpretes de uma canção, o tom assertivo da letra dessas três últimas músicas e a referência com exatidão a fatos e personagens da história do samba e da Praça Onze indicam a pretensão de falar por um grupo específico para um público indiscriminado. Tratam-se de sambas-enredo de décadas diferentes. Se seguirmos o linguista francês Dominique Maingueneau (2000), podemos afirmar que os autores, cantores e arranjadores dessas músicas tentam estabelecê-las como discursos constituintes. Segundo esse autor:

> Tais discursos participam de campos discursivos em constante conflito; eles são profundamente hierarquizados, conforme o grau de proximidade com sua fonte; são produzidos por pequenas comunidades, embora tratem de problemas básicos da sociedade em geral; são definidos por um modo específico de circulação no interdiscurso (arquivamento, comentário, citação etc.); o que eles dizem ("ideias", "doutrinas") não pode ser separado da cena discursiva através da qual eles foram produzidos e que lhes conferiu autoridade (2000, p. 11).

No artigo "Analisando Discursos Constituintes", o linguista francês Dominic Maingueneau criou três categorias, cada uma com duas opções: os discursos primeiros (fonte de todos os outros) e segundos; abertos (para o público em geral) e fechados (para um público específico); e fundadores e primeiros. No caso da música popular, é impraticável fazer essa separação porque, como explica Paulão 7 Cordas, "é muito difícil dizer quem primeiro fez isso ou aquilo" (2019, p. 184). O maestro dá um exemplo: "Dizem que Dino (Horodino José da Silva) foi o primeiro violão de sete cordas, mas a gente sabe que o irmão de Pixinguinha, o Tute (Artur Nascimento), que morreu muito cedo, já tocava" (2019, p. 1). Clara Sandroni concorda e acrescenta que os gêneros musicais, muitas vezes, já existem antes que surjam sua classificação. "Por exemplo, você tem uma música dos anos 1920, com todas as características do samba-canção, mas o conceito de samba-canção, essa classificação, me parece, é dos anos 1940/1950" (2019, p. 199).

A análise usa também o método proposto pela professora Sylvia Cyntrão, no artigo "O Lugar da Poesia Brasileira Contemporânea: Um Mapa da Produção", que faz perguntas objetivas (quem é o autor, sobre o que fala, qual seu léxico, com que outros gêneros dialoga etc.). Os dois métodos são importantes: um identifica o autor e os intérpretes de uma música e o outro nos ajuda a localizar o contexto em que ela foi criada. A análise ficará incompleta, mas o objetivo aqui é levantar a curiosidade sobre os sambas em torno da Praça Onze e a pretensão é estimular novas pesquisas sobre o tema, sem fechar questões.

2.1.1. "Na Praça Onze de Junho, entrei na roda de samba"

Como já se viu, nos anos 1930, a Praça Onze era o lugar onde o samba, o choro, o Carnaval e as escolas de samba tomavam o formato com o qual os conhecemos hoje. Músicos locais, como João da Baiana, Donga e Heitor dos Prazeres, e de fora, como Cartola e Noel Rosa, apresentavam suas músicas em festas e bares do bairro. E cantores consagrados, como Mário Reis e Francisco Alves, ali buscavam seu repertório para fazer sucesso no rádio e em shows de teatros e cassinos (é preciso não esquecer que o Estácio, próximo à Praça Onze, também era celeiro para esses cantores). O bairro despertava a curiosidade e era sempre citado em canções que o descreviam como um lugar de festa e liberdade dos rígidos conceitos morais da época, como se verá nas três músicas que aqui se analisará. "Na Praça Onze" é a mais antiga do *corpus* dessa pesquisa. Para melhor entendimento da análise das músicas, aconselho escutá-las antes da leitura do texto. Para isso, basta acessar o QR code que está na página 5 deste livro.

Na Praça Onze

Sou enfezado
Eu sou mesmo da Coroa
E essa gente da Gamboa
Só me olha com respeito

Não tenho amor
Minha amante é a navalha

Eu sou filho da gandaia
Para amar, não tenho olheiro

Na Praça Onze de Junho
Entrei na roda de um samba
Com o meu pandeiro em punho
Eu tirei carta de bamba [bis]

A minha sina
É viver assim sozinho
E ter raiva do carinho
De qualquer bicho de saia

Por isso mesmo
Eu procuro a minha morte
Eu sou filho da gandaia
No amor não tenho sorte

Na Praça Onze de Junho
Entrei na roda de um samba
Com o meu pandeiro em punho
Eu tirei carta de bamba [bis]

Autor: Francisco Gonçalves
Intérprete: Teobaldo Marques da Gama
Parlophon – Rio de Janeiro – 1931

Esse samba é atribuído ao compositor Francisco Gonçalves de Oliveira e quem canta é Teobaldo Marques da Gama. Não há informações sobre o produtor ou arranjador e mesmo os dados sobre o autor e o cantor são ralos. Nada encontrei no *Dicionário Cravo Albin da Música Popular Brasileira* sobre os dois. No site do Instituto Memória Musical Brasileira (IMMuB), aparece apenas Marques da Gama (sem o prenome), identificado como autor de quatro sambas gravados por Sílvio Caldas, em 1930 e 1931. Sobre o compositor, o *Almanaque do Carnaval*, de André Diniz (2008), informa ter sido parceiro de Lamartine (de Azeredo) Babo na marchinha "Os Calça-largas", sucesso no Carnaval de 1928.

Segundo Daniella Thompson, no site Musica Brasiliensis, outras músicas sobre a Praça Onze foram gravadas anteriormente, mas eram cançonetas, gênero que vinha das peças de teatro, e lançadas comercialmente em disco. Ainda de acordo com a pesquisadora, "Na Praça Onze" teria sido o primeiro samba sobre o bairro composto especialmente para ser gravado, tratando-se de um "típico manifesto do malandro despreocupado, xingando sem nenhuma ternura o sexo oposto. A Praça Onze é apresentada como o lugar onde o protagonista se junta a uma roda de samba e, com o pandeiro na mão, ganha o certificado de bamba" (THOMPSON, 2003).

É um samba amaxixado, portanto, um subgênero do samba, se levarmos em conta as premissas de Marcuschi (2010) e Maingueneau (2001). Pelo andamento e pela melodia facilmente assimiláveis (especialmente no refrão), deve ter sido composto para o Carnaval de 1931, indício confirmado pela data da gravação, dezembro de 1930, e do lançamento, janeiro do ano seguinte. Essa prática era muito comum naquele tempo em que, como vimos, as músicas eram divididas pela época em que o disco saía. Havia as de Carnaval e as de meio de ano.

No arranjo, os instrumentos de sopro aparecem à frente dos de corda (violão e cavaquinho) e da percussão e, quando a melodia é repetida só instrumental, não há modulação (mudança de tom). Paulão 7 Cordas comenta que essa mudança era comum especialmente nos arranjos feitos por Pixinguinha e que:

> Nessa época, tinha essa característica, da coisa do sopro muito forte. E tem a presença de cavaquinho aí porque as gravações eram num canal só e alguns instrumentos não apareciam tanto. O cavaquinho, por exemplo, era difícil de ser ouvido porque o violão sobressaía, assim como o sopro. Mas tem o cavaquinho do fundinho fazendo aquele lesco-lesco (2019, p. 186).

Paulão chama atenção para "a forma de cantar bacana pra caramba, com muito suingue, que valoriza uma letra maravilhosa, sobre um assunto muito bacana" (2019, p. 186). Para ele, "o personagem da música conta como foi parar na Praça Onze e diz que também é malandro. Alguém deve ter falado que era 'assim e assim' e o cantor resolveu falar" (2019, p. 186).

À afirmação de Tatit de que o samba era recado (TATIT, 2008), Sandroni (2019) acrescenta que essa característica não se restringe a este gênero, pois "isso acontece em diversos estilos de música, no rock, no rap, nas canções românticas que podem não ser uma crônica do dia a dia, mas parecem uma carta" (2019, p. 194). Nesse samba, ela vê traços da música composta por Sinhô (José Barbosa da Silva), dito Rei do Samba, um dos primeiros sambistas a ter sucesso e a viver (pobre) de suas composições:

> É uma música que se cantava assim, com bastante pausa, o ritmo bem marcado. O canto toma a forma coloquial. Este cantor usa mais recursos da fala que os recursos do canto, do intérprete, embo-

ra esteja cantando e não falando. Fosse um cantor como Francisco Alves, usaria mais técnicas de interpretação. Mas isso não significa, absolutamente, que um seja melhor que o outro. São apenas formas diferentes de interpretar uma música (SANDRONI, 2019, p. 198).

A letra tem um tom informal e confessional, como uma conversa, em que o valentão (sujeito poético) conta vantagens ("minha amante é a navalha...entrei na roda de samba... e tirei carta de bamba") e se justifica: como sua sina é viver sozinho, tem "raiva de carinho de mulher". Funciona como a fala cotidiana, sem inversões de discurso, ordem indireta ou verbos no infinitivo (vivo a cantar, sozinho estou etc.) para facilitar a rima que aparece em quase todas as estrofes, embora não de forma simétrica. São quatro estrofes de quatro versos e um refrão também com quatro versos, onde sujeito se localiza e diz que tirou "carta de bamba na Praça Onze de Junho". Aqui, usa o nome inteiro do logradouro, referência rara nos sambas, que só falam do número. Os versos não têm a mesma métrica: nas quatro estrofes, o primeiro verso tem sempre quatro sílabas e os outros têm sete. No refrão, os versos têm sete sílabas.

As rimas não seguem uma ordem constante. No refrão, a rima ocorre entre o primeiro e o terceiro versos e entre o segundo e o quarto verso ("junho" com "punho" e "samba" com "bamba"). Nos outros versos há uma variação. O primeiro de cada estrofe não rima com nenhum outro. Mas a forma de organizar as rimas varia. Na primeira estrofe rimam-se o segundo e o terceiro versos ("Coroa" e "Gamboa", bairros cariocas nas adjacências do Centro do Rio de Janeiro). Embora dito amaxixado, a letra de "Na Praça Onze" já traz o ritmo sincopado na combinação de sílabas tônicas e átonas. Note-se também que a interpretação valoriza esse ritmo. Paulão 7 Cordas (2019) ressalta que, à época, em 1930, "era preciso ser ótimo cantor porque não havia recursos tecnológicos atuais nem possibilidade de repetir a gravação muitas vezes até acertar" (2019, p. 186). De todo jeito, "Na Praça Onze" já se refere a um tipo de personagem que se esperava encontrar no bairro: o homem sem laços familiares ou afetivos, a não ser aqueles que encontra nas rodas de samba. É um discurso que se manterá em vários sambas sobre a Praça. Ou seja, faz parte dos discursos constituintes que "pretendem ser fundadores, mas são influenciados por outros discursos, constituintes ou não" (MAINGUENEAU, 2000, p. 7).

Moreno Cor de Bronze

Moreno cor de bronze
Que nasceu na Praça Onze
E se diplomou em samba
Na academia do Salgueiro
Tem na cor a faceirice
Tem na voz toda a meiguice
Própria de um brasileiro

Não há nada, moreno
Que se compare a você
Teu amor é mais gostoso
É melhor o teu querer
Tua cor é maravilha
E vale mais que um tesouro
Por sua causa, moreno
O bronze vale mais que o ouro

Autor: Custódio Mesquita
Intérprete: Aurora Miranda
Arranjo: Simon Bountman
EMI-Odeon – Rio de Janeiro – 1934

Esse é um raro samba com letra e música de Custódio Mesquita, cujas melodias, geralmente, eram letradas por Mário Lago. Aurora Miranda era irmã de Carmen Miranda e também foi cantora e atriz bem-sucedida, até em Hollywood, mas não tanto quanto a Pequena Notável. "Moreno Cor de Bronze" foi lançada em junho de 1934, mas gravada dois meses antes, em 11 de abril, com a orquestra de Simon Bountman (THOMPSON, 2003), um violinista e maestro russo (provavelmente judeu) que chegou ao Brasil, no início dos anos 1920, numa excursão com a companhia espanhola Velasco. Por aqui ficou e tornou-se o líder do grupo de baile do Copacabana Palace, onde o *crooner* era Francisco Alves, antes de transformar-se no Rei da Voz. A partir de 1926, convidado por Frederico Figner (que trouxera a indústria fonográfica para o Brasil), tornou-se um dos principais maestros e produtores da gravadora inglesa EMI-Odeon, que encampara a Casa Edson, fundada por Figner, e o mantivera como diretor.

Aurora Miranda, embora nascida no Brasil, era de família portuguesa imigrada para o Brasil em 1910, cinco anos antes de seu nascimento e meses depois do de Carmen Miranda. Custódio Mesquita era de uma tradicional família carioca (parente do senador José Gomes Pinheiro Machado, prócer da Primeira República e mecenas de João da Baiana, como se verá), havia se formado pianista no Conservatório Nacional de Música, mas preferiu ser pianista popular. Este quase parêntesis evidencia o amálgama do samba: um pianista aristocrata de formação erudita compôs um samba sincopado (classificação de Paulão 7 Cordas, como se verá adiante) para uma cantora de origem portuguesa, com arranjo e produção de um maestro russo. Foi lançado por uma companhia inglesa dirigida por um tcheco, mas o personagem de que fala é um mulato da Praça Onze. Todos esses elementos são evidentes se enunciados, mas não são percebidos se pensamos em "Moreno Cor de Bronze" como uma canção romântica, o que também é. Sua letra:

> Enaltece as virtudes do mulato nascido na Praça Onze, como um mestre de samba, estilo e amor – o objetivo do brasileiro. Esta postura contrasta com a predominância do preconceito racial na sociedade brasileira, detalhe amenizado pelo fato de ser interpretada como uma canção de amor (THOMPSON, 2003).

O preconceito racial fica evidente ao chamar o mulato – ou negro – de moreno, um eufemismo racista. Aqui, cabe uma outra digressão sobre a participação das mulheres no samba (como Tia Ciata e as mães de Donga e de João da Baiana, Amélia e Perciliana), agora olhada de outro ângulo. Autoras como Rachel Sohiet (1991) e Mônica Velloso (1990) evidenciam a liderança feminina nas classes populares, fossem negras, judias ou de qualquer outro grupo. Ao falar da Praça Onze, Roberto Moura afirma que as mulheres respondiam com bravura à situação adversa em que viviam, especialmente as negras que, se não encontravam emprego formal nas casas aristocráticas, trabalhavam no comércio informal na rua. Moura cita Pierre Verger para enfatizar o espírito empreendedor dessas mulheres, geralmente mantenedoras da casa e dos filhos, e enfatiza: "É dela que dependerá muito o destino e a continuidade do grupo" (MOURA, 1995, p. 34).

Paulão 7 Cordas (2019) ressalta – e Clara Sandroni (2019) concorda – a importância do timbre feminino no samba:

> A voz das mulheres é mais aguda e, dentro da frequência mais aguda, é mais fácil perceber a letra e mesmo a melodia, porque a pessoa canta ambas. Então, quando um compositor queria mostrar um samba, era fundamental a participação das mulheres. Também porque elas é que determinavam o calor da história. Até hoje, quando se tem um coro que é só masculino, fica diferente. Quando se colocam os agudos por cima e junta-se tudo, letra e música aparecem muito mais (PAULÃO, 2019, p. 186).

Se a mulher tem um papel preponderante no samba, como organizadora das festas, como cantora e como parte do coro, por que não há compositoras de samba nesse período inicial? Ou instrumentistas ou mesmo produtoras fonográficas? Chiquinha Gonzaga (Francisca Hedwiges de Lima Neves Gonzaga), maestrina, pianista e compositora de diversos gêneros, entre eles o samba, é exceção, pois não se tem notícia de outras mulheres em atividade no samba, embora haja cantoras fundamentais desde Aracy Cortes (Zilda de Carvalho Espíndola) a Alcione (Nazareth), Beth Carvalho (Elizabeth Santos Leal de Carvalho) e Mart'nália (Mendonça Ferreira), sem esquecer Carmen Miranda, Elza Soares e Clara Nunes (Clara Francisca Gonçalves). Dona Ivone Lara (Yvonne Lara da Costa) é, talvez, a única compositora de samba com expressão nacional nesses quase 90 anos que separam o primeiro corte temporal desta pesquisa (1930) da terceira década do século XXI.

Dona Ivone Lara merece um parágrafo à parte. Na maioria das vezes, ela compunha a música e seu parceiro, Delcio Carvalho, a letra. Mas esperou até os 44 anos para ter um samba-enredo cantado por sua escola, o Império Serrano ("Os Cinco Bailes do Rio", de 1966, com Silas de Oliveira e Antônio Bacalhau), e só começou sua carreira musical depois dos 50 anos. Segundo ela, por proibição do marido. Até os anos 1970, foi enfermeira e assistente social na equipe da doutora Nize da Silveira e desenvolvia, com música, o mesmo trabalho que, em artes plásticas, resultou no Museu do Inconsciente. É de se lamentar que, àquela época, não houvesse os recursos atuais de registro de som e imagem, porque todo esse trabalho é dado como perdido.

Clara Sandroni arrisca uma causa para a fraca presença feminina no samba: "É o machismo, não é mesmo? No início do século passado, a mulher estava alijada, estava fora da universidade, sem direito a voto. Em geral, ela estava em casa tendo filhos" (2019, p. 196). A professora e sambista lembra que desde Aracy Cortes, a primeira cantora a fazer sucesso em disco, com "Linda Flor" (Henrique Vogeler, em 1929, conhecida como "Ah, Ioiô"), a mulher foi conquistando espaço no mercado da música, em geral, e do samba, em particular. Segundo ela, houve a chamada Onda Feminina de compositoras nos anos 1970, quando mulheres tiveram destaque. Mas "em alguns setores, como a música sertaneja, só recentemente, salvo poucas exceções, a mulher realmente ganhou espaço. Até hoje, música é um mundo dos homens onde a mulher é sempre minoria" (2019, p. 197).

Mas as cantoras determinavam seu repertório. Carmen Miranda era extremamente criteriosa com a escolha dos sambas que gravaria e lançou vários compositores, algumas vezes encomendando-lhes as canções e indicando o tema a ser abordado (CASTRO, 2005), tal como aconteceria com Elis Regina (Carvalho da Costa), nos anos 1960, e com as sambistas Alcione e Beth Carvalho, a partir dos anos 1970. Certamente, isso ocorria com as cinco cantoras que fazem parte do *corpus* dessa pesquisa: Aurora Miranda, Dalva de Oliveira, Odete Amaral, Clementina de Jesus e Cristina Buarque. Essa última também foi responsável pelo lançamento de sambistas, como Mauro Duarte e outros da escola de samba Portela, e, principalmente, por redescobrir o samba "Quando a Polícia Chegar". Ou seja, desde os primórdios, as cantoras escolhiam o repertório, o tema das canções, mas quem as criava eram homens que deviam interpretar lhes os sentimentos, desejos e ideais.

Essa aparente digressão é necessária para falar do tema de "Moreno Cor de Bronze", como se disse, um samba sincopado feito por um pianista aristocrata e com formação erudita e letrista bissexto. Não detectei se foi uma encomenda ao compositor, mas esse samba se diferencia da maioria das canções com sujeito poético feminino. Normalmente, como na já citada "Linda Flor" (de Joubert de Carvalho, gravada por Aracy Cortes, em 1929) ou "Taí", do mesmo autor, primeiro sucesso de Carmen Miranda, em 1930, a mulher reclama com o homem do amor não correspondido. Nessa canção, ela declara seu amor ao "moreno cor de bronze, que nasceu na Praça Onze". Não parece importante, para essa mulher, que outras pessoas saibam de sua paixão pelo rapaz. Aliás, ela faz um solilóquio na primeira estrofe e se dirige diretamente a ele na segunda.

A letra não tem inversões de discurso, nem verbos no infinitivo para facilitar a rima, há apenas um que vira substantivo ("É melhor o teu querer"), mas não rima com nada. O tom é de conversa íntima (mais que informal) e há uma mudança de destinatário da primeira para a segunda estrofe. Na segunda estrofe, quando fala diretamente com o amado, ela mistura as pessoas do discurso. Trata o moreno por você, mas diz "o teu querer" e "tua cor". Reprodução da informalidade do falar brasileiro? Custódio Mesquita, embora letrista bissexto, tinha estudo formal e, certamente, teve acesso a norma culta do português, mas na fala cotidiana costuma-se misturar as pessoas do discurso e há outras obras que fazem essa mistura, como o samba "Quem Te Viu, Quem Te Vê", de Chico Buarque, e o poema "Balada do Amor Através das Idades", de Carlos Drummond de Andrade, que começa assim: "Eu te gosto, você me gosta / desde tempos imemoriais".

Nos quatro primeiros versos da primeira estrofe, que funcionam como num *verse*, uma espécie de prólogo da música, comum no jazz e na música erudita, mas raro nos sambas, a cantora estica as penúltimas sílabas para dar-lhes ênfase, cantando: "Moreno cor de [broonze]/ que nasceu na Praça [Ooonze]". Essa técnica de interpretação se repete em pontos variados dos versos/compassos da música e o arranjo orquestral evidencia e dialoga com os agudos precisos da irmã caçula de Carmen Miranda. Na organização do discurso musical, há espaço para a intérprete e para a orquestra. Há uma introdução instrumental, a cantora canta a primeira e a segunda partes. Na sequência, a primeira parte é repetida só de forma instrumental e, na repetição da segunda parte, voltam orquestra e cantora, com os instrumentos de metais dialogando com a melodia que ela canta. Essa organização do discurso musical predominaria até os anos 1970 e caiu em desuso, sendo raro, hoje, uma canção ser apresentada dessa forma.

"Moreno Cor de Bronze" tem duas estrofes, a primeira com sete versos e a segunda com oito. Os versos têm entre seis e oito sílabas, predominando os de sete sílabas. Há rimas, mas sem simetria. Na primeira estrofe, rimam o primeiro e o segundo verso ("bronze" com "Onze"), o terceiro não rima com outro, o quarto rima com o sétimo ("Salgueiro" com "brasileiro") e o quinto com o sexto ("faceirice" com "meiguice"). O ritmo é feito para acentuar algumas sílabas e palavras, especialmente as que glorificam o mulato e enfatizam a paixão que ele desperta na mulher. Era o que se considerava "música de meio de ano", ou seja, não seria tocada no Carnaval, mas certamente seria dançada em bailes e gafieiras.

Paulão 7 Cordas chama atenção para o fato de que:

> Em 1934, o Salgueiro já era chamado de Academia [referência à escola de samba Acadêmicos do Salgueiro, que só seria fundada em 1953]. É um samba sincopado, tem a característica de ter essas fermatas. É uma espécie de um rubato [quando a nota invade o compasso seguinte da música]. Uma flautinha no solo e tem uma orquestrinha ali atrás também, com cordas e tudo. E esse tem modulação [mudança no tom da música]. A segunda parte tem um jeito de samba-canção, mas é um samba sincopado. É um recitativo mesmo. O compositor deve ter feito assim. Pode ser uma música encomendada para tocar no rádio, que ainda estava no início, mas já se desenhava (2019, p. 187).

O arranjo do maestro Bountman dialoga com as *big bands* americanas de jazz e, certamente, com as bandas militares das quais saíram muitos músicos das orquestras de rádio, cassinos e gravadoras de disco, como Moacir Santos, Severino Araújo, Lupicínio Rodrigues e Robertinho Silva. Em diversos momentos, flautas conversam com a voz da cantora, sem tolher, no entanto, seu espaço de interpretação. Sobre essa canção, Sandroni (2019) comenta:

Ela tem aquela voz aguda feminina, um pouquinho mais empostada que o cantor de "Na Praça Onze" e usa mais recursos interpretativos. Quando ela canta "na Academia do [Salgueeiro]", é um vibrato, um recurso muito comum nessa época, em que há uma pequena variação de menos de meio tom na melodia. Quando canta "[teem] no corpo a faceirice", faz um portamento, que é demorar um pouco em uma nota e passar para outra nota, com o fim de valorizar a letra E ela usa também melismas, que são variações melódicas entre as notas, como quando canta "não há nada [moreeno] que se compare a você". Esse é o trabalho do intérprete, valorizar a canção, a melodia e a letra. Se analisarmos detalhadamente a emissão vocal dessa música, encontraremos vários recursos interpretativos da época. E cada época e cada estilo têm recursos próprios que os caracterizam (2019, p. 198).

Seria caso aqui de perguntar a Maingueneau: "Moreno Cor de Bronze" é um discurso constituinte (já que traz um tema novo, a mulher que declara o seu amor sem cobrar retribuição), fundador ou primeiro? É difícil enquadrá-lo em uma categoria, sem trair o autor do conceito. Aqui, a única assertiva possível é a evidência de que, nos primórdios do rádio, apenas dois anos após a mulher ter conquistado o direito de votar (1932), mas ainda não o de trabalhar sem autorização do marido, algumas mulheres já tinham um discurso próprio, ainda que viabilizado por compositores. E que essa mulher, num arroubo protofeminista, escolhia o objeto de sua paixão ao invés de se deixar escolher. Além disso, esse samba evidencia o amálgama da cultura brasileira: foi composto por um músico egresso da aristocracia carioca, cantado pela filha de imigrantes portugueses, com arranjo de um maestro russo. Foi lançado por uma gravadora inglesa, dirigida por um emigrante tcheco. Mas o personagem é um "moreno" da Praça Onze e o samba é, em resumo, uma canção romântica.

Cansado de sambar

Tenho o corpo cansado de sambar
Noite e dia (cansado de sambar)
Perguntei ao coração se queria descansar
Ele disse que não, que não queria
Perguntei ao coração se queria descansar
E ele disse que não, não, não

Eu nasci na Praça Onze
Dou a vida pra sambar
Já sambei em Deodoro
Salgueiro e Mangueira, Estácio de Sá
Vou sambar lá no Catete
Pro seu presidente me condecorar (Vamos lá)

Tenho o corpo cansado de sambar
Noite e dia (cansado de sambar)
Perguntei ao coração se queria descansar
Ele disse que não, que não queria
Perguntei ao coração, se queria descansar
E ele disse que não, não, não

Já sambei no Amazonas, Pernambuco e Macaé
Encontrei lá em São Paulo

morena queimada cheirando a café
Tio Sam já viu também
O dorso de seda que a baiana tem (o que que a baiana tem)

Tenho o corpo cansado de sambar
Noite e dia (cansado de sambar)
Perguntei ao coração se queria descansar
Ele disse que não, que não queria
Perguntei ao coração, se queria descansar
E ele disse que não, não, não

Autor: Assis Valente
Intérprete: O Bando da Lula
RCA Victor – Rio de Janeiro – 1937

Na primeira estrofe de "Cansado de Sambar", o sentimento do sujeito poético fica explícito. Seu corpo está cansado, mas quando consultado se quer descansar o coração responde "que [nããão], não, não". Esse samba foi gravado em dezembro de 1936 e lançado em janeiro do ano seguinte, com o Bando da Lua, grupo que acompanhava Carmen Miranda. Era música de Carnaval. (José de) Assis Valente, seu compositor, nasceu pobre, em Santo Amaro da Purificação, e chegou ao Rio de Janeiro em 1927, com 16 anos de idade. Exerceu diversas profissões até se firmar como protético. Compunha de forma amadora até ser levado à Praça Onze por Heitor dos Prazeres, músico nascido e consagrado no bairro. Em 1932, Assis Valente teve seu primeiro sucesso gravado por Aracy Cortes, "Tem Francesa no Morro", e tornou-se um de seus fornecedores de hits, como "Fez Bobagem" e "Uva de Caminhão". Apesar de declarar-se apaixonado pela Pequena Notável, compunha, também para outros artistas, canções que sempre comentavam a vida dos pobres, como em "Noite de Natal" e "Recenseamento". Atualmente, sua música mais conhecida é "Brasil Pandeiro", que teria sido recusada por Carmen Miranda, por ser excessivamente nacionalista. Em 1972, o grupo Novos Baianos a gravou em *Acabou Chorare*, segundo e mais bem-sucedido álbum do grupo. Virou um clássico.

Não há informação, nos discos do Bando da Lua, sobre o produtor, arranjador e solista do grupo, incluindo aí essa versão de "Cansado de Sambar", mas o *Dicionário Cravo Albin da Música Popular Brasileira* identifica Aloysio de Oliveira como responsável pelas três tarefas. Daniella Thompson (2003) nos informa que a música teve novas versões com Emilinha Borba (Emília Savana da Silva Borba), nos anos 1950, e com Aracy de Almeida, em 1966. Ambas adaptaram a letra para a época em que foi gravada. Já o Bando da Lua era um dos muitos grupos vocais em atuação a partir dos anos 1930 e Carmen Miranda os levou para os Estados Unidos, em 1939, pagando ela mesma as passagens, por não prescindir deles (CASTRO, 2005). Todos tocavam algum instrumento e cantavam harmonizando as vozes: Aloysio de Oliveira (violão), Hélio Jordão Pereira (violão), Vadeco (Oswaldo de Moraes Éboli, pandeiro), Ivo Astolfi (banjo), Afonso Osório (flauta), Armando Osório (violão) e Stênio Osório (cavaquinho), ou seja, era também um regional, formação clássica para acompanhar samba e choro.

Segundo Paulão 7 Cordas (2019), é a típica música para shows de Carmen Miranda, parecendo ter sido feita para a cantora/atriz dançar e não para o público cantá-la em bailes de Carnaval, apesar do refrão forte e fácil de memorizar. Já o arranjo:

Tem uma base bem pequena, violão, violão tenor (que parece guitarra havaiana), pandeiro, ganzá, para privilegiar o arranjo vocal, para os arranjos vocais aparecerem. Tem um suingue, por sinal, muito bom. A letra também é bem suingada, como todas as letras do Assis Valente. O arranjo é simples para as vozes sobressaírem porque, se deixar coisa demais, fica muita informação (2019, p. 188).

Clara Sandroni (2019) chama atenção para os recursos interpretativos do solista Aloysio de Oliveira, líder do grupo, que se tornou curador da carreira norte-americana de Carmen Miranda. Com a morte dela, em 1955, voltou ao Brasil onde tornou-se produtor musical da Bossa Nova e compositor de alguns hits do gênero. É dele – e de Tom Jobim (Antônio Carlos Brasileiro Jobim) – a canção "Dindi", com centenas de versões pelo mundo afora:

> O cantor solo faz um portamento, quando canta "Praça [Ooonze]", e um pequeno vibrato em "sambar" porque tem elementos de interpretação melódicos um pouco mais elaborados que o cantor de "Na Praça Onze". Isso não significa que seja melhor ou que tenha mais sucesso, mas este solista do Bando da Lua tem mais recursos musicais. O acompanhamento, típico da época, valoriza mais as vozes que participam da base com uma harmonia que reforça a letra (2019, p. 199).

Ou seja, é um arranjo que privilegia a mistura de vozes e o entendimento da letra que é percussiva: a sequência de sílabas átonas e tônicas das palavras dá o ritmo sincopado do samba (o suingue). O tom da interpretação é confessional. O sujeito poético parece fazer um solilóquio ou uma discussão entre o corpo e o coração, um querendo parar e o outro pedindo para sambar. A voz líder enuncia e o coro comenta as falas como num diálogo interior, mas também faz o acompanhamento e marca o ritmo. No refrão, há uma supressão das últimas sílabas e letras. Eles cantam mudando para cinco as seis sílabas originárias do verso "cansado de sambar" (can/sa/de/sam/bar), o que aproxima da fala coloquial. O solista, várias vezes, emenda um verso no outro, sem respirar ou respirando no meio do verso, outro recurso de interpretação que, segundo Sandroni (2019), determina a prosódia da canção e pode ser usado também como recurso técnico ou interpretativo.

A letra exalta o samba e expressa o sonho de prestígio social, sucesso amoroso e projeção mundial do sambista a ser proporcionado pela música. Há metonímias salpicadas pela letra, desde o segundo verso do refrão. Nesse caso, o corpo pergunta ao coração e o coração responde que não. Ou seja, o sentimento (coração) nega o pedido do corpo (razão?). A metonímia é usada para mostrar seu prestígio social ("vou cantar lá no Catete *pro seu* presidente me condecorar"), trocando o nome do palácio sede do governo federal pelo bairro onde se situava à época. Aqui ocorre uma corruptela da linguagem informal. Além do corriqueiro "pro" no lugar de "para o", "seu" não é o pronome possessivo, mas uma forma de dizer "senhor". As metonímias evidenciam o prestígio do sambista entre seus iguais, "Já sambei em Deodoro / Salgueiro e Mangueira, Estácio de Sá", referindo-se a bairros onde moram sambistas consagrados.

Na segunda estrofe ("Já sambei no Amazonas, Pernambuco e Macaé / Encontrei lá em São Paulo, morena queimada / Cheirando a café / Tio Sam já viu também / O dorso de seda que a baiana tem – o que que a baiana tem / o que é que a baiana tem"), os nomes dos estados brasileiros substituem as cidades e teatros onde o sambista se apresentou. Há lugar ainda para um eufemismo (tal como em "Moreno Cor de Bronze") e uma referência ao maior produto de São Paulo, o café. Tio Sam substitui os Estados Unidos, à época, símbolo de êxito no mercado internacional. A estrofe termina com um intertexto, citando a música de Dorival Caymmi, "O Que É Que a Baiana Tem?", hit de Carmen Miranda, um clássico até hoje. As rimas são quase todas com verbos da primeira conjugação, no infinitivo: "sambar", "descansar", "condecorar" e são espalhados pelas estrofes assimetricamente. O refrão é maior que as estrofes, que não têm rimas e têm uma métrica variada.

Embora não tenha se tornado um clássico, como outras músicas de Assis Valente, "Cansado de Sambar" é um exemplo da transformação que o samba sofreu quando começou a ser gravado e tocado no rádio, a partir dos anos 1930. O refrão continuava, mas a estrofe agora era fixa, geralmente não mais que duas (TATIT, 2008), como no caso de "Cansado de Sambar". O compositor, agora autor, não mais fazia sua música só para ser cantada nas festas, buscava cantores para gravá-las ou, como parece neste caso, as fazia de encomenda.

Canções como "Cansado de Sambar" serviram ao projeto nacionalista do Estado Novo que, aproveitando e/ou incentivando o sucesso comercial do samba, tornou-o a música tradicional e brasileira por excelência (VIANNA, 1995). Para além do projeto do governo, fizeram da Praça Onze um lugar mítico, *locus* de um passado sempre melhor que o presente. Os sambas sobre o bairro evidenciam isso.

2.1.2. "Vão acabar com a Praça Onze"

O anúncio da demolição da Praça Onze, em meados de 1940, causou comoção. A ideia de derrubar mais de quinhentos prédios do bairro, alguns históricos, como a Escola Benjamin Constant e as igrejas de São Pedro dos Clérigos e de São Joaquim, para passar um largo bulevar é atribuída ao arquiteto e urbanista suíço Le Corbusier (Charles-Edouard Jeanneret-Gris), que influenciou uma geração de arquitetos, como Oscar Niemeyer e Lúcio Costa, e o paisagista (Roberto) Burle Marx. Mas quem a executou, apagando o bairro de imigrantes pobres do mapa, foi o prefeito Henrique Dodsworth (SILVA, 2015), que não levou em conta o fato de ali ocorrerem os desfiles das escolas de samba que, desde 1932, tinham patrocínio da prefeitura do Distrito Federal (CABRAL, 1996). Embora Fânia Fridman atribua a demolição à ideologia do Estado Novo (2007), outros bairros centrais, como os morros do Castelo e Santo Antônio, onde também morava gente pobre, já haviam sido demolidos na primeira década do século XX, em épocas ditas democráticas, para passar a aristocrática Avenida Central, hoje Avenida Rio Branco (SILVA, 2015).

A comoção causada pouco aparece na imprensa da época, fortemente censurada. Na já citada matéria dos 50 anos da morte de Getúlio Vargas, Lucia Lippi afirma que se considerava "a manifestação livre dos intelectuais necessária para melhorar o Estado Nacional, mas a cultura de massa e os jornais eram vigiados pelo Departamento de Imprensa e Propaganda (DIP)" (SILVA, 2004). Como costuma acontecer em épocas de repressão, a válvula de escape foi a música popular, embora também censurada porque o presidente Vargas tinha noção de sua força política. Fato semelhante ocorreria no fim dos anos 1960 e início dos anos 1970, na chamada Era dos Festivais, quando o protesto político reprimido se manifestou na música popular (MELLO, 2003).

Os festivais eram programas de televisão onde concorriam músicas inéditas de compositores iniciantes ou consagrados. Durante o período mais fechado da ditadura de 1964, revelaram ao público boa parte da constelação da música popular brasileira: Chico Buarque, Caetano Veloso, Gilberto Gil, Milton Nascimento, Elis Regina, Edu Lobo etc. Após o Ato Institucional número 5 (AI-5), em 1968, esses músicos compositores pouco participaram dos festivais, mas surgiram novos como Raul Seixas, Luiz Melodia, Alceu Valença, Beth Carvalho, entre outros. Os principais aconteciam no Rio de Janeiro e em São Paulo, mas havia versões regionais, algumas com repercussão nacional. Foi num Festival de Juiz de Fora, por exemplo, em 1968, que Clara Nunes, até então cantora de boleros, tornou-se sambista, vencendo a competição com o samba "Você Passa, Eu Acho Graça", de Ataulfo Alves e Carlos Imperial.

Durante a ditadura do Estado Novo, coube a Assis Valente lançar a primeira música protestando, "Já Que Está, Deixa Ficar", com os Anjos do Inferno, no Carnaval de 1941, sem muita repercussão. O samba "Praça Onze", de Herivelto Martins e Grande Otelo, com o Trio de Ouro, veio no Carnaval seguinte e virou clássico instantâneo, aquela música que vira hit já na primeira audição e nunca mais deixa de fazer sucesso, com centenas de versões e regravações. Foi o caso de "Praça Onze", que fez o tema entrar na moda, mas nem os três pioneiros repetiram o feito. Aqui, analisamos esse samba e mais dois, "Voz do Morro", de Geraldo Pereira e Moreira da Silva, que o interpreta, e "Bom Dia, Avenida", também de Herivelto Martins e Grande Otelo, com o mesmo Trio de Ouro, ambos do Carnaval de 1943, quando o bairro já não existia mais. O primeiro foi escolhido por ser uma rara parceria de dois sambistas seminais e o segundo, por dar continuidade ao protesto que havia feito sucesso dois anos antes.

Praça Onze

Vão acabar com a Praça Onze
Não vai haver mais Escola de Samba,
Não vai
Chora o tamborim
Chora o morro inteiro
Favela, Salgueiro,
Mangueira, Estação Primeira
Guardai os vossos pandeiros, guardai
Porque a escola de samba não sai

Adeus minha Praça Onze, adeus
Já sabemos que vais desaparecer
Leva contigo a nossa recordação
Mas ficarás eternamente em nosso coração
E algum dia nova Praça nós teremos
E o teu passado cantaremos

Autores: Herivelto Martins e Grande Otelo
Intérpretes: Trio de Ouro e Castro Barbosa, com o conjunto de Benedito Lacerda
Columbia Records – Rio de Janeiro – 1942

 Classificado como "o hino da Praça Onze" (THOMAS, 2003), esse samba, parceria de Herivelto Martins e Grande Otelo, tem uma lenda tão plausível e repetida por quem historia o *show business* brasileiro que vale conhecê-la. Ao saber da demolição, Grande Otelo escreveu a letra de estalo, mas não conseguiu encontrar parceiro que fizesse a melodia. Na ocasião, Otelo era ator consagrado da Companhia Negra de Teatro, do Cassino da Urca e das chanchadas do cinema, nome que se dava, pejorativamente, aos filmes brasileiros feitos para lançar as músicas pelo Brasil afora, numa época pré-televisão. Eram comédias ou paródias de *blockbusters* americanos em que Grande Otelo brilhava como ator, cantor, compositor e, por vezes, roteirista. Quase sempre ao lado de Oscarito (Oscar Lorenzo Jacinto de la Inmaculada Concepción Teresa Díaz), andaluz que chegou ao Brasil com um ano de idade com o circo de sua família para tornar-se um dos astros do cinema nacional. Essa digressão confirma quão amalgamada é a cultura brasileira.

Herivelto Martins, nascido no interior do Estado do Rio de Janeiro, também era artista desde criança e, em 1940, tinha músicas gravadas por Carmen Miranda, Sílvio Caldas e Aracy de Almeida. Já era casado com a cantora Dalva de Oliveira, com quem formava o Trio de Ouro (com o cantor Nilo Chagas), que fazia imenso sucesso no rádio e no Cassino da Urca, casa de jogos do mineiro Joaquim Rolla, em que as roletas e o baralho sustentavam superproduções musicais. Foi nos bastidores do Cassino que Otelo mostrou a letra para Herivelto Martins, que hesitou, mas atendeu o amigo e iniciou a parceria que durou mais alguns sambas. O disco original informa que participaram da gravação o Trio de Ouro, o também cantor e humorista (Joaquim José de) Castro Barbosa e o "grande conjunto de Benedito Lacerda". O elogio justifica-se: Lacerda era maestro e flautista formado pelo Instituto Nacional de Música, havia sido da banda da Polícia Militar do (então) Distrito Federal, parceiro de Pixinguinha e líder do regional que levava seu nome e acompanhava toda a constelação de cantores do rádio e dos cassinos. Era também compositor solicitado por Carmen Miranda e Francisco Alves, os grandes ídolos da época (ALBIN, s/d).

O arranjo para "Praça Onze", com uma introdução de flauta e ênfase nas vozes dos três cantores (jamais em uníssono) e no coro ora feminino, ora misto, causou opiniões complementares dos especialistas. Sandroni (2019) chama atenção para o destaque que se dá à harmonia das vozes, acompanhadas da percussão num volume mais alto que o usual à época:

> É uma opção interessante, como se dissesse que é bem popular, bem escola de samba, onde a percussão é o elemento musical mais importante. Tambores, tamborins, cuíca, isso tudo junto. Este arranjo valoriza o fato de a música falar de um drama popular. Estão acabando com a Praça Onze, um lugar onde se fazia samba. E a harmonia fica toda na voz, o que é uma maravilha (2019, p. 200).

Paulão 7 Cordas (2019) reconhece a presença do regional de Benedito Lacerda, acrescido de muitos instrumentos percussivos, além do solitário pandeiro habitual. Ele explica que um arranjo só de percussão se baseia na célula rítmica de cada instrumento: "Na batucada, ninguém toca igual. Cada instrumento tem uma função e a condução do ritmo fica para os ganzás. Não tem muito como variar isso. Os outros instrumentos que vêm por cima é que dão o suingue" (2019, p. 185). O produtor e maestro destrincha também o arranjo:

> Este apito do início, que parece de vender pirulito na praia, é característico de Herivelto e não se usa mais. E tem as pastoras que ele sabia harmonizar muito bem, abrindo sempre duas ou mais vozes. O Trio faz três vozes e ainda tem variações no coro. Era um

tremendo sucesso. Ele faz a acentuação do tamborim, e a cuíca é tocada da forma antiga, marcando o ritmo, com pouca variação de tom (2019, p. 188).

É de se imaginar a disputa entre duas personalidades fortes, Herivelto buscando enfatizar a percussão e as vozes e Benedito Lacerda defendendo a maior participação dos instrumentos melódicos. De todo jeito há uma ordem na entrada das vozes e dos instrumentos: após a primeira batucada, vem a base do regional, o solo da flauta de Lacerda e o apito chama os cantores. A primeira estrofe é cantada em duas vozes pelo coro misto e, na segunda, entram duas vozes masculinas, que deixam o penúltimo verso para o timbre agudíssimo de Dalva de Oliveira. No último verso entram todos numa profusão de vozes harmonizadas. Da segunda vez, a fórmula se repete, mas a voz aguda de Dalva é substituída pela dos homens. Há um comentário do tamborim (metalinguagem) quando a letra o cita.

As duas estrofes têm tamanho e métrica variados. O sambista que lamenta fala na segunda pessoa do discurso, ora do plural, quando conclama para o não esquecimento, ora no singular, quando se dirige ao bairro a ser demolido, como um amigo, num antropomorfismo. Apesar da segunda pessoa nos verbos, a linguagem é informal, como numa conversa, o que é habitual em letras de samba. Há ainda rimas que são comuns como "Salgueiro" e "inteiro", no quinto e sexto versos da primeira estrofe. Mas há também rimas com verbos de conjugações diferentes e/ou modos diferentes, evidenciando o preciosismo de Grande Otelo na elaboração da letra. No sétimo e oitavo versos da primeira estrofe ele rima "guardai" (segunda pessoa do plural do verbo "guardar", no modo imperativo) com "sai" (terceira pessoa do plural do verbo "sair", no presente do indicativo). No quinto e sexto versos da segunda estrofe, a rima é com os verbos "ter" e "cantar", sempre na primeira pessoa do plural, no futuro do indicativo.

Não há o tom confessional dos sambas anteriores, mas o sujeito poético conta a triste novidade e conclama sambistas a não deixar o bairro no esquecimento. A letra se refere a outros bairros populares do Rio de Janeiro à época: Favela (hoje Morro da Providência, primeira favela do Rio de Janeiro), Salgueiro (morro do bairro da Tijuca, na Zona Norte) e Mangueira (morro próximo à Praça Onze). Estação Primeira é referência à escola de Samba Estação Primeira de Mangueira, criada em 1928 no referido morro, da qual Herivelto Martins era integrante.

Pelo tema, pelo arranjo e pelo sucesso que ocasionou muitas outras músicas na mesma linha, "Praça Onze" pode ser apontada como o melhor exemplo do discurso constituinte de Maingueneau (2000), pois domina os outros discursos, embora traga elementos deles. É, certamente, um discurso fundador, embora não primeiro, já que o samba de Assis Valente o precedeu. Na concepção de Marcuschi (2010) certamente inaugura um subgênero, ou melhor, uma divisão de um subgênero, pois trata-se de um samba (gênero) que fala da Praça Onze (subgênero) lamentando a sua demolição (divisão do subgênero). As duas canções seguintes trilharam o caminho aberto por esse samba, mas guardaram particularidades, como se verá.

Voz do Morro

Sabemos que já acabou a Praça Onze
E que as escolas de samba não saem
Mangueira já participou à Portela

E esta retransmitiu para o Salgueiro e Favela
Preparem seus tamborins

A Praça Onze acabou
Mas nós temos onde brincar
Por isso não vamos chorar

Desce a Estação Primeira
Com seu conjunto de bamba
Portela e todas as escolas de samba
Mesmo sem a Praça todos hão de ver
Que as escolas não deixarão de descer

A Praça Onze acabou
Mas nós temos onde brincar
Por isso não vamos chorar

Autor: Geraldo Pereira e Moreira da Silva
Intérprete: Moreira da Silva
Odeon – Rio de Janeiro – 1943

Esse samba, lançado para o Carnaval de 1943, pode ser um ponto fora da curva na carreira de Geraldo Pereira e de Moreira da Silva, embora a parceria dos dois viesse desde 1940, quando Moreira da Silva fez sucesso com "Acertei no Milhar", de Pereira e Wilson Batista, tida como o primeiro samba de breque. Lembrando que, como disseram Paulão 7 Cordas (2019) e Clara Sandroni (2019), é difícil determinar quem foi o primeiro em música popular e classificar músicas em gêneros cujos nomes surgiriam depois de sua criação. De todo jeito, a canção parece encomenda de Moreira da Silva, tentando embarcar no sucesso de "Praça Onze". Ainda não aparece o estilo malemolente de Kid Morengueira (apelido do personagem malandro que cantava samba de breque, tido como invenção do cantor) nem os sambas sincopadíssimos de Geraldo Pereira comentando as agruras do homem pobre que ou é traído pela mulher ou não tem condições de dar a que lhe é fiel o que, em seu entendimento, ela merece.

Sem jamais assumir essa condição ou personagem, Geraldo Pereira foi o malandro típico. Mineiro de Juiz de Fora, chegou ao Rio de Janeiro aos 12 anos, em 1930, para viver e trabalhar com o irmão no Morro da Mangueira, onde a escola Estação Primeira acabara de ser fundada. Logo integrou-se aos sambistas locais e, em 1940, emplacou seu primeiro hit, o já citado "Acertei no Milhar". Cyro Monteiro tornou-se seu maior intérprete e ele próprio chegou a lançar discos cantando, mas nunca conseguiu viver de sua música, exercendo várias atividades, entre elas a de gigolô, segundo sua biógrafa, Alice Duarte Silva de Campos (1983). Morreu em 1955, sem deixar descendentes, mas sua música permaneceu para sempre. Geraldo Pereira fez mais sucesso após sua morte, especialmente quando foi redescoberto pelo bossanovista João Gilberto, nos anos 1960, e por Gal Costa e Chico Buarque, nos anos 1970. Hoje é um dos compositores mais tocados em rodas de samba em todo o país.

Trajetória contrária teve Moreira da Silva, nascido na favela do Salgueiro. Órfão aos dois anos de idade, trabalhou desde os oito, tendo se aposentado como motorista de ambulância, profissão que manteve mesmo após se tornar o popularíssimo Kid Morengueira. Antes de se especializar em samba de breque (em que o cantor interrompe a melodia para fazer um comentário, falado ou cantado), foi cantor de boleros e seresteiro. "Voz do Morro" apresenta Moreira da Silva numa fase de transição entre um gênero e o outro, pois é um samba sincopado (mas nem tanto) que ele canta com impostação na voz. Sandroni faz ressalvas a esse termo, pois "toda voz é impostada" (2019, p. 200), mas reconhece:

> Ele não canta com a mesma voz com que fala, abre um pouco mais a garganta para alcançar mais volume com a voz, ganhar presença vocal e nos harmônicos. É uma técnica que ele usa porque não canta com a mesma voz com que fala. Também porque a música é triste, ao mesmo tempo derrotista e orgulhosa. A Praça Onze acabou, mas eu não vou chorar, vou continuar. Tem esses dois aspectos que o cantor enfatiza muito bem (2019, p. 200).

Paulão 7 Cordas (2019) concorda que Moreira da Silva "abre a voz bem lá na frente e o resto do acompanhamento vem lá atrás" (2019, p. 189) para destacar mais a letra. Afirma também que a produção fonográfica privilegia isso, com o volume da voz muito acima do regional e da batucada que fazem a base:

> Este é o conceito de gravação dos sambas de escola de samba e de Carnaval. Na introdução, tem um violão tenor que repete a melodia da primeira estrofe e continua com um regional e batucada, sem sopros nem coro. As gravações mais simples eram assim. E o tom informal de Moreira da Silva está em todas as suas músicas. Ele cantava o que precisava para cada coisa que gravava (2019, p. 189).

Thompson (2003) e Campos (1983) levantam dúvida sobre a autenticidade da parceria, atribuindo a música só a Geraldo Pereira, mas tanto Clara Sandroni (2019) quanto Paulão 7 Cordas minimizam esse detalhe: "Era comum o intérprete entrar como parceiro" (PAULÃO, 2019, p. 188). Isso sequer era considerado antiético, ainda mais no caso de compositores negros (caso de Geraldo Pereira) sem acesso aos empresários do disco e/ou do rádio (BARBOSA, 2009). De todo jeito, não se tem informação de quem teria feito letra ou música, quem compôs as estrofes e o refrão ou se foi tudo feito junto pelos dois. Essa falta de informação é comum quando se trata de compositores de samba dessa época.

Esse samba foge do esquema primeira e segunda parte e também de estrofe, refrão e segunda estrofe com melodia igual à primeira e letra diferente. Em "Voz do Morro", após a introdução entra a primeira estrofe, depois o refrão seguido da segunda estrofe que tem outra melodia. Há uma repetição da primeira só instrumental e termina com a segunda e o refrão. Tal como em "Praça Onze", há um pequeno solo do tamborim quando se faz referência ao instrumento na letra.

O sujeito poético fala por seu grupo na primeira pessoa do plural que, no caso, não parece majestático: "sabemos que a Praça Onze acabou". O tom é de lamento e invocação especialmente no refrão, "...temos onde brincar / Por isso não vamos chorar". Há metonímias na primeira estrofe, usando o nome das escolas de samba (Mangueira e Portela) e morros (Salgueiro e Favela, atual Morro da Providência). Na segunda estrofe, ele usa verbos de ação no presente e no futuro do indicativo. Desejo ou invocação? Cabe ao ouvinte decidir.

A métrica dos versos é variada, indo de seis a treze sílabas, embora cada estrofe tenha cinco versos, enquanto o refrão só apresenta três. As rimas seguem dois padrões: quando existem acontecem no verso seguinte ("Portela" com "Favela"; "brincar" com "chorar" no refrão, "bamba" com "samba" e "ver" com "descer" na segunda estrofe). E os verbos rimados são da mesma conjugação, sempre no modo infinitivo. Para um versejador, usar verbos dessa forma era considerado desleixo, pois uma das qualidades apreciadas no compositor era, exatamente, criar rimas ricas (como ocorre no samba anterior, "Praça Onze") e o respeito à norma culta. No entanto, a interpretação de Moreira da Silva, valorizando a melodia e as palavras, não deixa que essa questão fique em realce. Os dois sambistas têm outras parcerias, mas todas tiveram menos sucesso que a obra deles com outros compositores.

Seguindo a classificação de Maingueneau, "Voz do Morro" seria um discurso segundo (segue uma trilha bem-sucedida), aberto (muitos sambistas lamentaram o fim da Praça Onze em suas músicas) e não é fundador, pois Herivelto Martins e Grande Otelo já tinham inaugurado o subgênero no ano anterior. No entanto, na classificação de Marcuschi (2010), atende perfeitamente à função de um gênero, que é estabelecer um tipo de comunicação necessária em dado momento. "Voz do Morro" não foi o sucesso do Carnaval de 1943, mas nunca deixou de ser tocado e lembrado como prova de que os negros e sambistas não aceitaram passivamente a demolição da Praça Onze.

Bom Dia, Avenida

Lá vem a nova avenida
Remodelando a cidade
Rompendo prédios e ruas
Os nossos patrimônios da saudade

É o progresso!
E o progresso é natural
Lá vem a nova avenida
Dizer à sua rival:
Bom dia, Avenida Central!
Bom dia, Avenida Central!

A União das Escolas de Samba,
Respeitosamente, faz o seu apelo
Três e duzentos de selo
Requereu e quer saber
Se quem viu a Praça Onze acabar
Tem direito à Avenida
Em primeiro lugar
Nem que seja depois de inaugurar
Nem que seja depois de inaugurar!

Autor: Herivelto Martins e Grande Otelo
Intérprete: Trio de Ouro, com o conjunto de Benedito Lacerda
Odeon – Rio de Janeiro – 1944

Dois anos depois do sucesso de "Praça Onze", Herivelto Martins e Grande Otelo voltaram ao tema, dessa vez, com um samba de quadra – ou de terreiro – para treinar a voz das pastoras das escolas de samba e para tocar em bailes de Carnaval. Não se sabe se Grande Otelo fez a letra e Herivelto Martins, a música, como em "Praça Onze", se fizeram tudo juntos ou se um fez a primeira parte e o outro, a segunda, como era habitual à época. O bairro demolido só aparece uma vez na letra, como fato consumado e há uma saudação à nova Avenida que tomou seu lugar.

A letra dessa música é uma evidência de que os sambistas tinham seus cuidados para escapar à repressão do Estado Novo. Foi lançada em 1943, dois anos antes do fim da ditadura getulista que ainda combatia com censura e prisão quem se opusesse ao governo. Fala da necessidade do progresso que se contrapõe à tradição (dicotomia hoje superada) e da ação institucional de todos numa União das Escolas de Samba que, "respeitosamente, faz o seu apelo". A Avenida Central a que se refere é a atual Avenida Rio Branco, aberta em 1906 para, como já foi dito, ser um bulevar parisiense, onde a melhor sociedade carioca desfilaria. Não havia, portanto, lugar para imigrantes pobres (majoritariamente negros) e sambistas no mesmo espaço reservado às manifestações carnavalescas da burguesia branca (grandes sociedades em que saíam os filhos da aristocracia e da classe média e os corsos, grupos que desfilavam fantasiados em carros conversíveis). Ranchos, considerados uma manifestação superior da cultura negra por terem instrumentos de sopro e harmônicos, eram admitidos, mas escolas de samba e blocos de sujo (caricatos, em que cada um se fantasia como quer e há crítica social e política) eram vetados. Mas, em plena ditadura do Estado Novo, que sambista teria coragem de ocupar o espaço ou exigir o direito a ocupá-lo? Por isso, ele faz um apelo, respeitosamente.

A questão da repressão política no Estado Novo é amplamente tratada na historiografia brasileira sobre a época porque todos os grupos sociais a sofreram, em maior ou menor escala, mas a situação dos negros e das classes populares vem sendo pesquisada com mais acuidade nas últimas décadas, nos meios acadêmicos. Os estudos apontam que, embora sua música – o samba – tivesse se tornado um dos símbolos nacionais, essa repressão não só era maior como era amparada pelo discurso oficial e até pela ciência. Olívia Maria Gomes da Cunha trata do assunto no artigo "Sua Alma em Sua Palma: Identificando 'Raça' e Inventando a Nação", da coletânea *Repensando o Estado Novo* (1999):

> A categoria negro continuou a ser objeto de outros olhares, também legitimados pelo selo da ciência. Permaneceria como um poderoso adjetivo que qualificava diferencialmente o homem comum, o cidadão, o pobre, o trabalhador, o desempregado e o vadio. Enquanto substantivo, apareceria invariavelmente emoldurado pela autoridade do discurso oficial, sacralizado pelas hostes científicas que o definiam como um "tipo antropológico". Como qualificativo, foi objeto sobretudo das instituições curativas e corretivas, sendo, portanto, passível de abordagens policiais e médicas (1999, p. 261).

Muito antes do interesse acadêmico, os testemunhos dos negros já denunciavam essa situação. Em seu depoimento ao MIS-RJ e em várias oportunidades, João da Baiana contou que precisou pedir ao senador Pinheiro Machado que autografasse seu pandeiro para que a polícia não o quebrasse (MIS-RJ, 1966). Os biógrafos de Ismael Silva contam que, adolescente, foi detido por estar na rua e, mesmo com o testemunho do dono do escritório de contabilidade onde trabalhava, passou 15 dias preso (ALBIN, s/d). O próprio Pixinguinha, embora contasse com o mecenato da poderosa família Guinle, lembrou em seu depoimento ao MIS-RJ que "o negro não era aceito com facilidade. Havia muita resistência. Eu nunca fui barrado por causa da cor, porque nunca abusei" (MIS-RJ, 1966). Ou seja, "Bom Dia, Avenida" deixa implícito que o Carnaval dos negros e pobres deveria ter lugar na nova avenida, "nem que seja depois de inaugurar", mas não exigia, fazia um respeitoso apelo.

A métrica da letra é variada, assim como as rimas existem, mas são esparsas, ou seja, não obedecem a uma simetria: "natural" rima com "rival" e com "Central" na primeira estrofe, "Apelo" rima com "selo" e "lugar" rima com "inaugurar" na segunda estrofe. Mas o tom do discurso não é de uma conversa informal, como nos sambas da época em que a Praça Onze ainda existia ("Moreno Cor de Bronze" e "Cansado de Sambar", especialmente). Nessa letra o sujeito poético fala para um grupo e não para uma só pessoa, o que retira qualquer tom intimista da música. Isso acontece também em "Praça Onze" e "Voz do Morro", apresentando-se como discursos em praça pública, uma invocação. É interessante notar que, até hoje, essa invocação acontece antes de cada escola desfilar no sambódromo. Normalmente, a bateria faz um aquecimento, entra um componente da agremiação (geralmente o presidente) lembrando a importância do espetáculo e da tradição daquela comunidade, toca-se o hino da escola e só então começa realmente o desfile.

Na primeira estrofe cantam o Trio de Ouro (Dalva de Oliveira, Herivelto Martins e Nilo Chagas) com o coro. A mulher faz a primeira voz (a melodia principal) e os homens, as duas outras vozes. A primeira estrofe é repetida só com o coro em duas vozes. Na segunda estrofe, a voz feminina (Dalva de Oliveira) conduz a canção, ora com acompanhamento dos dois homens do trio, ora com o coral de pastoras e eles. Volta a primeira estrofe com todos cantando em várias vozes e os sopros fazendo contraponto. O apito, tão caro a Herivelto Martins, abre e fecha a música.

O arranjo instrumental, novamente, uma parceria de Benedito Lacerda com o Trio de Ouro (liderado por Herivelto Martins) funciona de forma diferente. Aqui, os sopros juntam-se à batucada e ao regional. Paulão 7 Cordas (2019) explica que essa é uma característica das músicas feitas para o Carnaval:

> Os sopros tocam nos espaços possíveis, deixando a harmonia andar, com a base e o cavaquinho. O contraponto é um comentário à melodia, mas é preciso ter cuidado para não atrapalhar o intérprete. Num arranjo, não se pode metralhar a primeira melodia, se não fica uma mistureba. Tem que tocar nas pausas da melodia. Herivelto respeita isso, mas acrescenta a batucada da qual gostava muito. Ele se apresentava direto pelo Rio de Janeiro acompanhado só de batucada (2019, p. 189).

Paulão 7 Cordas (2019) chama atenção à voz de Dalva de Oliveira bastante explorada no arranjo vocal, num volume mais alto que as vozes masculinas: "Tinha que ficar na frente mesmo porque ela cantava muito. Aliás, nessa época não tinha cantor ruim porque não havia recursos de gravação" (2019, p. 189). Clara Sandroni concorda e amplia os elogios a Dalva de Oliveira:

> É uma das maiores cantoras do Brasil. Segue a tradição do canto feminino anterior à Bossa Nova: voz aguda, impostação de cabeça, como no *bel canto*, muita afinação vibratos, volume e suingue, claro, muito suingue. Dalva de Oliveira reúne todas a qualidades necessárias a uma cantora e sabe usá-las. E, certamente, o acompanhamento com orquestra é questão de oportunidade. O Trio de Ouro era um sucesso imenso e podia dispor dos recursos que desejasse em suas gravações. Toda emissora de rádio tinha sua orquestra e quem virava cantor de rádio dispunha delas para gravar (2019, p. 201).

Seria "Bom Dia, Avenida" um novo subgênero, o samba reivindicatório? Certamente, é um discurso feito para uma situação específica, as escolas de samba precisam sair e sugere-se uma alternativa para o fim da Praça Onze, enquadrando-se perfeitamente nas premissas de Marcuschi (2010) sobre gêneros textuais. Já no sentido de Maingueneau (2011), é um discurso segundo porque segue uma linha aberta pelos próprios autores e intérpretes (cantores e músicos) dois anos antes. Como se disse, houve muitas outras músicas nesse mesmo tom. E aqui recorremos a Larry Portis, para quem "a música popular reflete e mesmo orienta a vida emocional de milhões de pessoas" (1997, p. 69).

Os três sambas "Praça Onze", "Voz do Morro" e "Bom Dia, Avenida" indicam uma evolução no sentimento do sambista quanto à demolição de seu bairro, do lamento puro e simples à reação e proposta de uma solução. Em momento algum busca-se o confronto com a autoridade, pois os negros, embora unidos e conscientes de seus problemas, procuravam outros caminhos para suas reivindicações (VELLOSO, 1990). Isso fica evidente na cronologia das músicas. "Praça Onze" lamenta a demolição do bairro que deixará órfãos sambistas, escolas de samba e o Carnaval. Apenas chora-se ("o tamborim e morro inteiro choram", diz a letra) e convoca-se ao recolhimento ("guardai os vossos pandeiros"), com o verbo no imperativo. Em "Voz do Morro" os sambista se unem ("Mangueira já participou à Portela / e esta retransmitiu para o Salgueiro e Favela") e pede (ou manda?) a todos para reagirem ("preparem seus tamborins"... "as escolas não deixarão de descer"). "Bom Dia, Avenida", feita para o mesmo Carnaval, já traz uma solução. O patrimônio dos sambistas não existe mais em nome do progresso "e o progresso é natural". Mas o sambista tem direito de desfilar na nova avenida, "nem que seja depois de inaugurar". Por isso, "respeitosamente, faz o seu apelo". Apelo que foi amplamente atendido nas décadas seguintes e até os dias de hoje, quando o desfile das escolas de samba é tido como o "maior show da terra", como diz o samba "É Hoje!", de Didi e Mestrinho, com o qual a União da Ilha desfilou em 1982.

2.1.3. "A praça existe, alegre ou triste, em nossa imaginação"

Demolida a Praça Onze, o bairro não deixou de existir, ao menos para os sambistas. Aqui é preciso lembrar que, para boa parte dos autores que estudam música popular brasileira, o samba feito por negros e outras populações periféricas entrou em decadência a partir dos anos 1940, dando lugar ao samba-canção feito por compositores intelectualizados da classe média, como Antônio Maria (Araújo de Morais) e o próprio Tom Jobim pré-Bossa Nova (TATIT, 2008; RENNÓ, 2003). Ao se pesquisar nos jornais da época, confirma-se essa impressão, mas os fatos a negam. Do fim dos anos 1930 aos anos 1960, houve inúmeros lançamentos desse gênero, seja pelos músicos negros e/ou periféricos, como o já citado Geraldo Pereira, por Ataulfo Alves e Heitor dos Prazeres, ou por músicos que, mesmo sendo da elite, adotaram o gênero, como Adoniran Barbosa (João Rubinato), que cantava as agruras do proletariado paulista, e Mário Lago, que fez o elogio da pobreza em "Amélia" (Mário Lago e Ataulfo Alves, 1942) e prometeu mundos e fundos a "Aurora" (Roberto Roberti e Mário Lago, 1941), se ela fosse sincera.

A Praça Onze continuou sendo tema de sambas nos anos 1940 e o próprio Herivelto Martins, sozinho ou em parcerias diversas, insistiria nele. Também as escolas de samba voltaram sempre a falar do bairro, talvez porque se obrigassem a ter sambas-enredo que narram fatos históricos brasileiros. A causa dessa insistência é mais uma controvérsia da música popular brasileira. Há quem, como Monique Augrás, em *O Brasil do Samba-enredo* (1998), credite a exigência ao Estado Novo para fortalecer o nacionalismo. Sérgio Cabral (1996) garante que é anterior. Mas, nos anos 1950, apenas duas escolas de samba, já citadas, falaram do assunto e houve apenas um solitário samba sobre ele. A partir dos anos 1960, a Praça Onze voltaria, com toda força, a ser cantada na música popular.

Aqui cabe nova digressão. Nos anos 1950, talvez na ressaca das duas Grandes Guerras (1914-1918 e 1939-1945), o futuro interessava mais que o passado, especialmente nas artes. E o Brasil não ficou fora dessa tendência: teve Bossa Nova, Cinema Novo, Nova Cap etc. Nos anos 1960, a nostalgia voltou a galope. Não por acaso, a música mais tocada na década chama-se "Yesterday" (John Lennon e Paul McCartney, 1965). No Brasil, o rock, então apelidado de Jovem Guarda, morria de amores por um "Calhambeque" (Roberto Carlos e Erasmo Carlos, 1964) e a chamada MPB dividia-se entra duas músicas de protesto saudosistas, a guarânia (gênero que vem do século XIX, nas regiões centrais da América do Sul) "Para Não Dizer Que Não Falei das Flores" (Geraldo Vandré, 1968) e o samba "Sabiá" (Tom Jobim e Chico Buarque, 1968) que atualiza a "Canção do Exílio", do poeta romântico Gonçalves Dias, para protestar contra a ditadura militar, falando de um tempo em que tudo era melhor pois havia "uma palmeira que já não há" e "uma flor que já não dá".

Tudo isso vem para explicar que a volta da nostalgia do bairro, crescente a partir do "Rancho da Praça Onze", de 1965, não foi um fato isolado nem se deteve naquela década. Embora esta pesquisa tenha seu recorte final em 1982, o tema ainda é recorrente na música brasileira e, em especial, nos enredos das mais de trezentas escolas de samba que desfilam só no Rio de Janeiro, divididas em vários grupos, sendo o mais famoso o Grupo Especial, que sai no domingo, na segunda-feira e, a partir de 2025, na terça-feira gorda. Mas, pode-se dizer, lembrando Marcuschi (2010), que aqui surge um novo subgênero, atendendo a uma necessidade: voltar ao passado para entender o presente.

Rancho da Praça Onze

Esta é Praça Onze tão querida
Do Carnaval a própria vida
Tudo é sempre Carnaval
Vamos ver desta praça a poesia,
E sempre em tom de alegria
Fazê-la internacional

A praça existe
Alegre ou triste
Em nossa imaginação
A praça é nossa
E como é nossa
No Rio quatrocentão

Este é o meu Rio boa praça
Simbolizando nesta praça
Tantas praças que ele tem
Vamos da Zona Norte à Zona Sul
Deixar a vida toda azul

Mostrar da vida o que faz bem
Praça Onze. Praça Onze

Autor: João Roberto Kelly e Chico Anysio
Intérprete: Dalva de Oliveira
Arranjo: Severino Araújo
LP *Praça Onze*
EMI-Odeon – Rio de Janeiro – 1965

Essa canção era a abertura do programa humorístico da TV Rio, *Praça Onze*, que tinha direção-geral de Chico Anysio (Francisco Anysio de Oliveira Paula Filho) e musical de João Roberto Kelly. Ele conta que Dalva de Oliveira se interessou pela música e a gravou com um arranjo orquestral grandioso do maestro Severino Araújo, que dirigia a orquestra da emissora (KELLY *apud* SILVA, 2022). Mas a história dessa canção vem de antes.

Foi apresentada inicialmente numa comédia musical de Geysa Bôscoli [roteirista de teatro e televisão, sobrinho de Chiquinha Gonzaga e irmão do compositor Ronaldo Bôscoli e do ator Jardel (Frederico Bôscoli) Filho] cuja estreia ocorreu em 27 de fevereiro de 1960, no Teatro do Rio (Catete). Era cantada por Aracy Cortes, numa volta após longa ausência dos palcos, e tinha uma letra diferente da que viemos a conhecer. Foi também incluída no espetáculo de travestis *Les Girls*. Por ocasião do 400º aniversário do Rio de Janeiro, em 1965, uma nova letra foi escrita (THOMPSON, 2003).

Thompson (2003) não informa o autor da primeira letra, mas Aracy Cortes foi a primeira mulher a fazer sucesso nos palcos e em disco com a já citada "Linda Flor" ("Ai, Ioiô", 1929). João Roberto Kelly era compositor consagrado em 1965. Aristocrata carioca, estudou piano clássico, mas decidiu-se pelo popular e, aos 19 anos, em 1957, tornou-se pianista e compositor em teatro de revista e de televisão. Seu primeiro hit, o samba "Boato", aconteceu em 1961, com Elza Soares. Dois anos depois, veio "Olha a Cabeleira do Zezé", com Jorge Veiga, que se tornou um clássico do Carnaval. Outras marchinhas carnavalescas de sucesso vieram ("Colombina iê-iê-iê", "Mulata Bossa Nova" etc.), comentando o momento político e/ou social, com letras ingênuas. Algumas, hoje, seriam consideradas politicamente incorretas. Com mais de 80 anos, João Roberto Kelly ainda lança marchinhas para o Carnaval.

Chico Anysio era de uma família de artistas cearenses e começou sua carreira no rádio, mas logo passou à televisão, fazendo sucesso como humorista, com mais de duzentos personagens criados ao longo de quatro décadas. No início dos anos 1960, revolucionou a linguagem do humor televisivo ao usar o videoteipe como recurso narrativo. É também letrista bissexto, mas autor de mais dois clássicos, "Rio Antigo" (com Nonato Buzar, um dos primeiros sucessos de Alcione em 1970) e "Vô Batê Pa Tu" (1974), com (Antônio) Arnaud Rodrigues, que interpretava a música e era seu parceiro na dupla humorística Baiano e os Novos Caetanos. Apesar disso, e dos cinco álbuns que lançou entre 1960 e 1979, ele é lembrado como comediante. Boa parte de sua obra fonográfica, inclusive, é ligada aos personagens que criou e aos quais deu vida em programas humorísticos.

Em 1965, Dalva de Oliveira era das poucas cantoras da Era do Rádio que mantiveram o prestígio com o advento da Bossa Nova e da televisão. Paulista, de uma família humilde, chegou à Praça

Onze em 1934, com 17 anos, e logo se casou afetiva e profissionalmente com Herivelto Martins. A separação veio em 1947 e os dois passaram a expor suas desavenças nas revistas de fofoca e em discos. Herivelto lançava um samba-canção atacando-a ("Caminhemos" e "Segredo", por exemplo) e ela encomendava a resposta a outro compositor: "Que Será?", de Marino Pinto e Mário Rossi; "Errei, Sim", Ataulfo Alves; ou "Palhaço", de Nelson Cavaquinho (Nelson Antônio da Silva) e Oswaldo Martins, referência à origem circense do ex-marido. Evidência de que a mulher, se não compunha, impunha seu repertório aos compositores. Apesar (ou por causa) disso, seu *bel canto* manteve-se popular numa época em que a moda era cantar sussurrando.

Por isso, Clara Sandroni (2019) acredita que ela teve liberdade para mudar o "Rancho da Praça Onze" com sua interpretação:

> Essa música talvez tenha sido composta com muitas pausas. Um cantor de samba faria estas pausas, mas Dalva traz a contribuição como intérprete porque o que ela faz bem é soltar o vozeirão, deixar a nota vibrar, vibrar o agudo, alongar as notas. A interpretação dela transforma a música. Se tem oportunidade, se está solando, solta a voz com muita inteligência. Ela tem muita voz e achou pertinente usá-la nessa música. Não é que ela vá fazer sempre. Aqui deu certo. A música tem uma coda *grand finale* (2019, p. 201).

Embora não haja dados sobre isso (e Clara Sandroni não tivesse essa informação) é provável que o "Rancho da Praça Onze", com outro nome, tivesse sido composto com pausas para facilitar a interpretação. Como se disse, fazia parte de um musical que trouxe de volta aos palcos a cantora Aracy Cortes que, então com 56 anos, talvez não tivesse o fôlego de Dalva de Oliveira, 13 anos mais nova. João Roberto Kelly e o autor da primeira letra devem ter respeitado essa questão. Àquela época, a carreira de cantores não tinha larga duração, pois não se usavam os recursos de fonoaudiologia e técnicas vocais hoje à disposição de qualquer intérprete. Já o arranjo do "Rancho", segundo Paulão 7 Cordas, parece ter sido feito especialmente para os trinados de Dalva de Oliveira:

> No estilo que Radamés Gnatalli trouxe para a Rádio Nacional. É música de concerto mesmo, com sopros e cordas também. E olha a ocorrência: quando ela canta, eles fazem a harmonia. Só entra o contraponto quando ela não canta ou está numa nota longa. E depois devolve para ela no tom. No fim, o arranjo usa toda a orquestra (PAULÃO, 2019, p. 190).

Como marcha-rancho, com andamento lento na primeira e na terceira estrofe e mais rápido na segunda, era perfeita para o repertório dos bailes de Carnaval. Segundo Severino Araújo, em entrevista nos anos 1990, deveria haver uma alternância de cinco ou seis músicas rápidas e uma ou duas lentas, "para as pessoas descansarem e os casais namorarem". Ele era um especialista no assunto, tendo feito bailes, de Carnaval ou não, por mais de 70 anos, com a Orquestra Tabajara. O "Rancho da Praça Onze" também foi um clássico instantâneo. Nunca parou de fazer sucesso desde seu lançamento em 1965.

A letra traz palavras do cotidiano sem inversões de discurso ou tom imperativo. É como um guia turístico levando as pessoas dos anos 1960 àquele lugar paradisíaco que deixou de existir duas décadas antes (o *bel canto* de Dalva de Oliveira contribuiria para isso?). São três estrofes de seis versos cada, mas a métrica é variada em todos eles, embora pareça haver um método nas rimas. Na primeira estrofe, rimam-se o primeiro e o segundo verso ("querida" com "vida"), o terceiro com o sexto ("Carnaval" com "internacional") e o quarto com o quinto verso ("poesia" com "alegria"). Na segunda estrofe, mantém-se o esquema de rima: primeira com segunda ("existe" com "triste"), terceira com sexta ("imaginação" com "quatrocentão"), mas repete-se a palavra final no quarto e quinto verso. A terceira e última estrofe foge ao esquema. O primeiro e a último verso não rimam com nada, a segunda rima com a quinta ("tem" com "bem") e a terceira rima com a quarta ("Sul" com "azul"). Há evidente fuga de rimas fáceis (verbos na mesma conjugação, modo e tempo).

É difícil classificar o "Rancho da Praça Onze" nas teorias de Maingueneau (2000) ou de Marcuschi (2010). A música sequer inaugura uma espécie de nostalgia do bairro, pois esse sentimento já existia desde a demolição. A abordagem é nova (a praça existe, ao menos na imaginação), mas várias escolas de samba recorreram a ela no Carnaval de 1965, aproveitando a obrigatoriedade de os enredos serem sobre o Rio de Janeiro. O andamento da música vem do século XIX, pois os ranchos, precursores das escolas de samba, saiam com marchas lentas. "Ó, Abre Alas" (Chiquinha Gonzaga, 1899), considerada a primeira música de carnaval brasileira, é uma marcha-rancho. Arranjos orquestrais grandiosos não eram novidade desde os anos 1930, quando Pixinguinha e Radamés Gnatalli passaram a trabalhar para o rádio e os discos trazendo a informação da música sinfônica e das *big bands* do jazz. O *bel canto* de Dalva de Oliveira era recorrente desde que o samba começou a ser gravado até a Bossa Nova, no início dos anos 1960. Ou seja, decompondo a música, não há nada de novo nela. Mas o todo é surpreendente. E, como disse Oscar Niemeyer, "o estranhamento faz parte da beleza", frase que está escrita num totem da praia La Grande Motte, balneário construído no Sul da França nos anos 1970.

Tempos Idos

Os tempos idos, nunca esquecidos,
Trazem saudades ao recordar
É com tristeza que relembro
Coisas remotas que não vêm mais
Uma escola na Praça Onze,
Testemunha ocular
E perto dela uma balança
Onde os malandros iam sambar
Depois aos poucos o nosso samba
Sem sentirmos se aprimorou
Pelos salões da sociedade
Sem cerimônia ele entrou
Já não pertence mais à praça
Já não é samba de terreiro
Vitorioso ele partiu para o estrangeiro

E muito bem representado
Por inspiração de geniais artistas
O nosso samba humilde samba
Foi de conquistas em conquistas
Conseguiu penetrar no Municipal
Depois de percorrer todo o universo

*Com a mesma roupagem que saiu daqui
Exibiu-se pra Duquesa de Kent no Itamaraty*

Autores: Cartola e Carlos Cachaça
Intérpretes: Odete Amaral e Cartola
LP *Fala Mangueira*
Produção: Hermínio Bello de Carvalho e Milton Miranda
EMI-Odeon – Rio de Janeiro – 1968

Tanto quanto uma homenagem à Praça Onze, esse samba, aqui cantado por Cartola e por Odete Amaral, evidencia sua amizade com Carlos Cachaça, que durou da adolescência de ambos até a morte dele, em 1980 (embora seis anos mais velho, Carlos Cachaça morreria depois, em 1999). Além das parcerias em sambas, eles fundaram a Estação Primeira de Mangueira em 1928, mas tiveram vidas diferentes. Carlos Cachaça nasceu pobre e começou a trabalhar ainda menino, ajudando o padrinho, dono de barracos no Morro da Mangueira e analfabeto, a lidar com recibos e contas. Aos 17 anos, entrou para a Estação de Ferro Central do Brasil (depois Rede Ferroviária Federal S/A – REFFSA), onde aposentou-se como oficial de administração aos 63 anos, em 1965. Casou-se com Menininha (Clotilde da Silva) com quem viveu por 45 anos, até a morte dela, em 1983. Escreveu com Marilia Trindade Barbosa e Artur Oliveira Filho o livro *Fala Mangueira* (1980) e lançou um volume de poemas, *Alvorada* (1989), organizado por seus parceiros no outro título. O apelido veio de seu gosto pela bebida e também para diferenciá-lo de outros Carlos que existiam no morro.

Cartola teve infância de classe média, no bairro do Catete (então aristocrático, pela vizinhança com a sede do governo federal), pois seu avô era cozinheiro do Palácio do Catete, então sede da Presidência da República. Com a morte do avô, em 1918, quando ele tinha nove anos, a família foi para o Morro da Mangueira. Boêmio, inseparável de Noel Rosa (até a morte desse, em 1937), diz a lenda que fizeram muitos sambas, uma boa parte deles perdida porque não anotavam sequer a letra. Mulherengo confesso, teve um período obscuro do qual nem seus biógrafos falam (BARBOZA e OLIVEIRA FILHO, 1983). Nos anos 1960, já casado com Dona Zica (Eusébia da Silva de Oliveira, irmã de Menininha), foi redescoberto por intelectuais, como Hermínio Bello de Carvalho e Sérgio Porto, e retomou a carreira, lançando discos e sendo gravado pelas estrelas da música, tornando-se uma delas. Frasista, dizia: "Minha vida foi um filme de bang-bang, eu só venci no fim" (BARBOZA e OLIVEIRA FILHO, 1983, p. 123).

"Tempos Idos" é da época das vacas magras, em que Cartola perdeu prestígio até na escola que fundara. Composta como samba-enredo em 1960, quando a Mangueira saiu com "Carnaval de Todos os Tempos ou Glória ao Samba". Não foi classificada no concurso interno, o que aborreceu os compositores que a deixaram de lado até 1968, quando Hermínio Bello de Carvalho e Milton Miranda se uniram para gravar um LP em homenagem a agremiação verde e rosa (cores da Mangueira), reunindo seus três principais compositores: Cartola, Nelson Cavaquinho e Carlos Cachaça. Aqui cabe mais uma digressão: embora não tenha sido encontrada outra parceria profissional de Carvalho e Miranda, eles são fundamentais. O primeiro, além de letrista de Paulinho da Viola, trouxe Clementina de Jesus para o palco (se falará disso adiante) e inventou o grupo Cinco Crioulos, com Anescarzinho do Salgueiro (Anescar Pereira Filho), Nelson Sargento (Nelson Mattos) e os portelenses Jair do Cavaquinho (Jair de Araújo Costa) e Paulinho da Viola, que assim tornou-se músico profissional. Milton Miranda foi diretor artístico da gravadora inglesa EMI-Odeon e responsável pela estreia em disco de Clara Nunes e Milton Nascimento. Como era comum à época, não há informação a respeito da autoria do arranjo, mas Paulão 7 Cordas identifica, pelo contraponto do sopro, o maestro e trombonista Astor Silva, que fez parte da Orquestra Tabajara, de Severino Araújo, até os anos 1940 e, na década seguinte, montou seu próprio grupo para trabalhar no rádio e em gravações, especialmente de Odete Amaral e de Virgínia Lane.

> A base é feita com violão de seis cordas, provavelmente Canhoto (Américo Jacomino), de sete cordas, cavaquinho e pandeiro. Astor tinha essa característica de tocar discreto, mas muito bem encaixado. O sopro dele é um complemento. Eu acho o começo dela um pouco duro, meio sem suingue. Já o Cartola tem suingue de sobra (2019, p. 190).

Odete Amaral era carioca e estreou em 1935, aos 22 anos, cantando "Minha Embaixada Chegou", de Assis Valente. A partir daí, subia os morros e ia à periferia garimpar seu repertório, como Nara Leão e Beth Carvalho fariam a partir dos anos 1960. Era casada com Cyro Monteiro e, embora dissesse preferir o samba-canção, ficou conhecida por gravar sambistas tradicionais, como Ismael Silva, João da Baiana, Ataulfo Alves, Bide (Alcebíades Barcelos) e (Armando Vieira) Marçal. Fez também cinema (as chanchadas eram obrigatórias para divulgação das músicas em nível nacional, numa época sem rede nacional de televisão) e, em 1968, quando da gravação de "Fala Mangueira", era popularíssima, embora esquecida pela crítica especializada, mais ocupada com a briga MPB x Jovem Guarda e com a Tropicália, que fora lançada no Festival da Record de 1967 e juntava as duas tendências, sem aliar-se a nenhuma delas. "Tempos Idos" é a primeira música do *pot-pourri* de dez minutos, segunda faixa do LP *Fala Mangueira*, no qual também cantam Clementina de Jesus, Zezinho da Mangueira (José Delphino Filho) e o próprio Cartola, que divide a interpretação com Odete Amaral nessa canção. Clara Sandroni elogia ambos: "São dois grandes cantores. A voz dela vibra o tempo todo e a dele também vibra de vez em quando. Cartola sabia usar os recursos vocais – vibrato, notas longas, afinadíssimo – para valorizar cada palavra" (2019, p. 202). Um bom exemplo é quando ele canta que "[jáá] não pertence mais à [praaça], já não é samba de [terreeeiro], vitorioso, ele [partiiiu] para o estrangeiro", uma divisão rítmica que valoriza palavras-chave da história que conta. Ao ser chamada atenção sobre o fato de Cartola, algumas vezes, respirar durante um verso e, em outras, emendar um verso no outro sem respirar, a cantora e professora explica: "Geralmente, tem a ver com a prosódia. É uma coisa livre. Às vezes, é instintivo, às vezes a música é muito clara numa prosódia, mas outras vezes é porque o cantor precisa respirar" (SANDRONI, 2019, p. 202). De todo jeito, a primeira parte, mais lenta, ficou com a cantora e a segunda, mais suingada, com Cartola que, como disseram Paulão 7 Cordas e Clara Sandroni, era especialista.

Ao contrário do "Rancho da Praça Onze", mais nostálgico que factual, "Tempos Idos" tem um cunho historicista, conta fatos ocorridos. A "balança onde os malandros iam sambar" de que fala a letra realmente existiu no bairro e servia para pesar mercadorias a serem levadas ao porto, não longe dali. O samba (gênero) também havia sido levado ao Theatro Municipal do Rio de Janeiro em

1956, iniciando a Bossa Nova, com o musical *Orfeu da Conceição*, de Tom Jobim e Vinicius de Moraes, com cenários de Oscar Niemeyer. Percorrera "[toodo] universo" nas vozes de Carmen Miranda e de João Gilberto (do Prado Pereira de Oliveira) e a apresentação para a Duquesa de Kent no Itamaraty (Catarina Lúcia Maria Worsley, prima da rainha Elizabeth II da Inglaterra, que a representava em algumas ocasiões oficiais) ocorrera em 1959. Não foi possível saber quem fez a letra e a música, se um fez a primeira e o outro a segunda parte, ou se ambos fizeram tudo junto.

Como é um samba-enredo, o sujeito poético parece fazer uma palestra dirigida a muitos e não a um só ouvinte. Na primeira estrofe, saudosista (tempos idos, que trazem saudade a quem recorda), conta como o samba nasceu e se tornou internacional. Na segunda, enumera as evidências do prestígio do gênero (percorreu o mundo inteiro, penetrou no Municipal e apresentou-se à realeza europeia). Detalhe, não encontrei, na obra de Cartola ou Carlos Cachaça outra referência aos sambistas como malandros, como nessa letra. De todo jeito, Cartola e Carlos Cachaça eram frequentadores e não moradores da Praça Onze.

No aspecto formal, a métrica é variável, há versos de oito a onze sílabas, sendo que esses predominam na segunda estrofe (ou segunda parte, como preferem os sambistas) e aqueles na primeira. Há algumas rimas preciosas na primeira estrofe como: "idos" com "esquecidos", "ocular" com "sambar". No penúltimo verso, a vogal final [I] serve para alongar a nota e subir o tom, enquanto na última, a mesma vogal final encerra a música sem delongas. Note-se que Cartola canta [daquiii], alongando a última sílaba da palavra e "Itamaraty" encera a música sem coda, entrando imediatamente a música seguinte do *pot pourri*.

Mais uma vez é difícil classificar "Tempos Idos" segundo os critérios de Maingueneau e/ou Marcuschi, o que comprova serem certos clássicos inclassificáveis por transbordarem dos escaninhos teóricos. "Tempos Idos" foi composto para atender a uma necessidade do momento, mas não inaugurou o gênero samba-enredo, nem um subgênero dentro desse, pois já havia enredos historicistas. Em 1960, o enredo da Mangueira era "Carnaval de Todos os Tempos ou Glória do Samba". Tal como ocorre hoje, havia uma sinopse à qual os compositores deveriam obedecer e, embora não tenha se encontrado esse documento ou a justificativa para o samba dos fundadores da escola ser preterido, certamente eles devem ter procurado se ater ao que foi pedido. É preciso lembrar que foram feitos muitos sambas-enredos historicistas sobre a Praça Onze a partir dos anos 1970, mais que nostálgicos, mas não se pode dizer se os compositores foram influenciados ou não por "Tempos Idos". Aqui fica uma dúvida: seria um discurso constituinte ou um gênero novo, criado a partir de uma solicitação tão específica? No momento, a resposta fica em aberto.

O certo é que essa música teve duas versões até virar um clássico na terceira, lançada em 1976, só com Cartola cantando e arranjo de Dino 7 Cordas, com um andamento mais lento. Não encontrei a versão apresentada no concurso para o Carnaval de 1960 porque, àquela época, os sambas-enredo não eram gravados antes do evento. Eram mostrados às pastoras (mulheres da escola de samba que faziam o coro) para cantarem na quadra. Segundo Paulão 7 Cordas (2019), elas é quem emplacavam ou não um samba, boicotando ou cantando nos ensaios da agremiação. Não foi possível saber a reação delas a "Tempos Idos", mas a versão de Odete Amaral e Cartola teve pouca repercussão.

Samba, Marca Registrada do Brasil

Através dos tempos
Que o nosso samba despontou
Trazido pelos africanos
Em nosso país se alastrou

Foi Donga que tudo começou
Com um lindo samba
Pelo telefone se comunicou [bis]

E, no limiar do samba,
Que beleza, que fascinação
Na casa da Tia Ciata
Oh, como o samba era bom!

Dança o batuque
Ao som da viola
Cai no fandango
Dá umbigada
Na dança de roda [bis]

Grandes sambistas
Mostraram o seu valor
Ismael Silva, Carmen Miranda
Noel e Sinhô
Mas surgiram
As Escolas de Samba
O ponto alto do nosso Carnaval

Beatriz Coelho Silva (Totó)

E o nosso samba evoluiu
E se tornou marca registrada do Brasil

Autor: Dico da Viola e Jurandir Pacheco
Intérprete: Ney Vianna
Continental – Rio de Janeiro – 1977

Nos anos 1970, é raro encontrar um Carnaval sem pelo menos uma escola de samba falando da Praça Onze, já então um lugar de memória para os cariocas, em geral, e os sambistas, em particular, como se verá na próxima seção. Esse samba, de Dico da Viola (não consegui saber seu nome de batismo) e Jurandir Pacheco, cantado por Ney Vianna (José da Rocha Vianna), com o qual a Mocidade Independente de Padre Miguel desfilou no Grupo A (hoje Especial) em 1977, foi escolhido por ser descritivo e, embora não cite nominalmente a Praça Onze como acontece com outros, fala de seus personagens (Donga, Tia Ciata, Sinhô, Carmen Miranda etc.) e conta uma história com princípio, meio e fim, nessa ordem. À época, sambas descritivos começavam a voltar à moda, pois haviam caído em desuso devido ao sucesso (nacional e internacional) de "Pega no Ganzê" (de "Zuzuca" Adil de Paula), do Salgueiro, em 1971, curto, com refrão forte, sem abranger todos os itens do enredo.

Essa gravação está no disco das escolas de samba do Grupo I (hoje Grupo Especial) que, à época, desfilavam apenas no domingo de Carnaval, em maratonas que duravam 15 horas ou mais. A escola tinha que chegar com o samba já conhecido para ser cantado pelo público das arquibancadas, naquele ano, na Avenida Rio Branco. Por isso o refrão "chiclete", gíria que, no meio musical, significa uma melodia fácil de assimilar e cantar, que gruda na memória. É bom lembrar que a Mocidade Independente de Padre Miguel, fundada em 1955, sem a tradição da Mangueira ou da Portela, se esmerava em surpreender o público, especialmente no quesito bateria, a cargo de Mestre André (José Pereira da Silva), que acelerou o ritmo e criou a "paradinha", momento, no meio da música, em que cerca de duzentos ritmistas paravam de tocar, para retomar, do mesmo ponto, dali a alguns segundos. Tudo isso encantava o público, mas os jurados do desfile deram à Mocidade o 13º lugar naquele ano.

Não consegui informações sobre o compositor Jurandir Pacheco sequer na Wikipédia, mas Dico da Viola é citado, no *Dicionário Cravo Albin*, como parceiro em outros dez sambas-enredo, a maioria da Mocidade Independente, o que indica ser um especialista no gênero. Sobre Ney Vianna, o site Recanto das Letras informa ter nascido na Vila Vintém (favela no subúrbio carioca de Padre Miguel, na região de Bangu, onde surgiu a escola), foi puxador (como eram conhecidos os cantores de samba-enredo) da agremiação durante mais de dez anos, compôs o samba-enredo mais conhecido da escola ("Vira, Virou, a Mocidade Chegou", de 1981), mas morreu aos 47, em 1989, sem nunca ter gravado um disco solo.

Aqui cabe (mais) uma digressão sobre a forma de interpretar samba-enredo. Até meados dos anos 1970, o puxador cantava a melodia sem improvisos ou grito de incentivo no início ("grito de guerra", na gíria sambista). Tudo mudou em 1976, quando a Escola de Samba Beija-flor de Nilópolis venceu o Carnaval com o enredo "Sonhar com Rei Dá Leão", de Joãosinho Trinta (João Clemente Jorge Trinta), um maranhense, ex-bailarino do Theatro Municipal do Rio de Janeiro, que deixara a carreira erudita para atuar no Carnaval. Primeiro ele trabalhou com Fernando Pamplona e Arlindo Rodrigues, carnavalescos formados na Escola de Belas Artes do Rio de Janeiro, que trouxeram, para o desfile, a riqueza visual que o caracteriza até hoje. Depois, em meados dos anos 1970, Joãosinho Trinta foi para a Beija-flor, onde ganhou três campeonatos seguidos. Não cabe aqui enumerar as inovações que Trinta trouxe para o desfile em si. O que nos interessa é que o puxador da escola, Neguinho da Beija-flor (Luís Antônio Feliciano Marcondes), mudou a interpretação dos sambas. Criou o grito de guerra mais conhecido até hoje ("Olha a Beija-flor aí, gente!") e deixava o coro entoar a melodia, acrescentando contracantos e comentários cantados o tempo todo. Virou a forma de interpretar samba-enredo. Teria criado um discurso constituinte?

No caso de "Samba, Marca Registrada do Brasil", Paulão 7 Cordas identifica o grupo As Gatas, trio vocal feminino formado em 1967 por Dinorah Lemos, Zenilda Barbosa e Eurídice (não consegui seu nome de batismo, nem das cantoras que a substituíram após sua saída) que se especializou em fazer coro para discos de samba, especialmente no disco dos sambas-enredo. Paulão 7 Cordas, que começou sua carreira em estúdio nessa época, explica como eram as gravações:

> A base era cavaquinho, violão, pandeiro, caixa e repinique e o puxador vinha no meio, gravando tudo junto porque o arranjo era assim. Depois se colocava a bateria para dar uma enchida. Este tipo de música acaba lá em cima, mas abre para recomeçar tudo de novo. É um samba bom para desfilar porque não tem buracos na melodia (2019, p. 191).

Clara Sandroni (2019) chama atenção para o fato de a gravação tentar repetir a sonoridade dos desfiles:

Todo mundo canta, a bateria bem alta, quase competindo com a voz. São opções do produtor fonográfico e dos intérpretes, obviamente, que tentam reproduzir o desfile da escola de samba, como se houvesse um microfone captando a passagem da agremiação. Para dar a impressão, a quem ouve, de estar dentro do desfile (2019, p. 202).

Fica evidente a preocupação em citar os personagens da história (certamente presentes na sinopse do samba e no desfile da escola) e com a organização de sílabas átonas e tônicas combinando com o ritmo e a melodia. Não há métrica padrão e as poucas rimas têm verbos da primeira conjugação, no mesmo tempo, modo e pessoa ("despontou", "alastrou", "começou" e "comunicou"). E há ainda a rima pobre, "evoluiu" com "Brasil", encerrando o samba. Rimar verbos no mesmo tempo e modo e palavras terminadas em L com outras terminadas em U não era bem visto entre sambistas, mesmo depois do fim da época do improviso. Em compensação, o refrão tem melodia, letra e ritmo facilmente cantável e propício às coreografias de alas que, nos anos 1970, começavam a ser moda. Por todos esses motivos, "Samba, Marca Registrada do Brasil" estaria entre os discursos segundos e seguia um gênero (ou subgênero), com eficácia comprovada anteriormente. Apesar disso, não virou um samba-enredo clássico, embora a Mocidade já fosse uma escola de muito prestígio nos anos 1970.

Praça Onze, Berço do Samba

Favela do Camisa Preta
Do Sete Coroas
Cadê o teu samba, Favela?

Era criança na Praça Onze
Eu corria pra te ver desfilar

Favela, queremos teu samba
Teu samba era quente
Fazia meu povo vibrar
Até a lua, a lua cheia
Sorria, sorria

Milhões de estrelas brigavam
Por um lugar melhor
Queriam ver a Portela
Mangueira, Estácio de Sá
E a Favela com suas baianas tradicionais
Brilhava mais
Que a luz do antigo lampião a gás

Fragmentos de brilhantes
Como fogos de artifícios
Desprendiam lá do céu
E caíam como flores
Na cabeça das pastoras
E dos sambas de Noel
Correrias, empurrões
Gritarias e aplausos
E o sino da capela
Não parava de bater
Os malandros vinham ver
Meu samba estava certo, sim

Enquanto as cabrochas gingavam
No seu rebolado
No ritmo da batucada
De olho comprido, que nem bobinho
Eu terminava dormindo na calçada
De olho comprido, que nem bobinho
Eu acabava dormindo na calçada

Autor: Zé Kéti
Intérprete: Zé Kéti
LP *Zé Kéti*
Itamaraty – Rio de Janeiro – 1982

"Praça Onze, Berço do Samba" foi lançado em 1982, num LP que leva o nome do autor, no qual ele interpreta seus grandes sucessos. Zé Kéti era músico consagrado, autor de clássicos, como "Diz Que Fui por Aí", "Mascarada", "A Voz do Morro", da marcha-rancho "Máscara Negra" ("Quanto riso, ó, quanta alegria / mais de mil palhaços no salão", Kéti, 1967), lançada na voz de Dalva de Oliveira e que logo teve paródia contra o golpe militar de 1964 ("Quantos tiras, oh! quantos gorilas / mais de mil milicos em ação"), amplamente aprovada pelo compositor. Essa anedota mostra que Zé Kéti era um sambista politizado por sua história pessoal e também por suas relações.

Filho e neto de músicos militares, sempre teve profissão paralela à de músico (policial militar, pequeno empreiteiro, representante de laboratório) e era ligado aos, então, jovens diretores do Cinema Novo, especialmente Nelson Pereira dos Santos, que dizia ter sido apresentado por Zé Kéti ao "Rio profundo" que retratou no filme *Rio 40 Graus*, de 1955, pioneiro do Cinema Novo. Num dos momentos mais marcantes, a câmera sobrevoa a cidade, contorna o Cristo Redentor ao som de "A Voz do Morro". Ao focar o rosto do Cristo, Jorge Goulart canta o verso "Eu sou o rei dos terreiros". A cena quase encerrou sua carreira e o Cinema Novo antes mesmo de começarem, pois foi considerada uma ofensiva à Igreja Católica e a Polícia Federal ameaçou proibir a exibição do filme e prender todos os envolvidos. Na versão que estreou em 1955, a cena foi retirada, mas retornou numa restauração feita nos anos 2000. Zé Kéti participou do filme também como ator.

Nascido no subúrbio carioca de Inhaúma, em 1921, Zé Kéti profissionalizou-se músico ainda adolescente e certamente frequentou a Praça Onze que descreve de modo proustiano nessa música. O sujeito poético não fala por ou para ninguém. Ele só recorda, numa saudade sem mágoa, num "nostálgico tributo a um tempo que se foi para sempre" (THOMPSON, 2003). É possível e provável que o compositor tenha lido Marcel Proust porque a música, que descreve a Praça Onze sem a precisão histórica de "Tempos Idos" ou "Samba, Marca Registrada do Brasil", é uma exceção na obra do compositor, cujos sambas contam o cotidiano da população pobre carioca, sem oportunidade de emprego (como "Nega Dina"), são românticas declarações de amor (como "Mascarada" ou "Máscara Negra"), ou canções de protesto ("Acender as Velas", "Opinião").

Segundo o filósofo Luciano Ferreira Gatti, no artigo "Marcel Proust e o Inacabamento do Passado", o autor de *Em Busca do Tempo Perdido* reencontra, na obra de arte, um passado definitivamente morto. Porém, essa recordação independe de sua vontade, pois "não está em evidência, mas oculta em objetos privilegiados com o poder de despertá-la. Se o acaso permite que se encontre tal objeto, o passado é trazido do esquecimento e deixa de ser tempo perdido" (2003, p. 199). É exatamente o que faz a letra de "Praça Onze, Berço do Samba", em que sons e luzes fazem o papel das *madeleines*: reconduzem o compositor à infância num bairro que não existe mais, foi demolido, uma volta em imagens literárias vívidas, embora sem muita ordem. Ele fala das cabrochas (forma elogiosa de falar das moças que dançam e cantam nas festas e desfiles das escolas de samba), do som da música misturado ao da igreja e de sua ingenuidade de criança, cujo sono vence a vontade de assistir ao espetáculo do desfile das escolas de samba. O diálogo do violão de sete cordas com a melodia cantada por Zé Kéti acentua essa impressão de volta ao passado.

A letra descreve em imagens os desfiles de Carnaval, mas é difícil classificar o tom como formal ou informal, já que o sujeito poético fala para si mesmo, recorrendo a metáforas ("Fragmentos de brilhantes / como fogos de artifícios / desprendiam lá do céu / e caíam como flores / na cabeça das pastoras"). Mas, ele cita também personagens reais, como Camisa Preta e Sete Coroas, "malandros famosos no início do século XX" (THOMPSON, 2003), companheiros de boemia de Villa-Lobos e Manuel Bandeira. Embora em outras canções Zé Kéti demonstre domínio de rima e métrica, aqui ambas foram deixadas de lado. No entanto, a sequência de sílabas tônicas e átonas flui com naturalidade marcando com perfeição o ritmo sincopado.

Paulão 7 Cordas, no entanto, tem uma crítica a essa canção:

> Zé Kéti, às vezes, tinha isso, a música é grande e passa do ponto. Atinge o clímax, mas passa do ponto e perde a força. Segundo as regras de composição, a música deve ter um começo, um meio,

um auge e depois não pode demorar muito para acabar. É uma coisa meio parabólica. Na segunda parte dessa canção há uma quebrada e aí perde a força porque ele não foi mais sucinto e nem parece ter se preocupado em ser. Descreveu muito passo a passo. As imagens que ele faz são bonitas porque Zé Kéti era bom nisso (2019, p. 191).

No arranjo, o violão de Dino 7 Cordas faz contraponto com a voz o tempo todo (PAULÃO, 2019), sobressaindo do regional que o acompanha, preenchendo as pausas da melodia, de uma forma que é mais comum no choro que no samba. Sandroni (2019) chama atenção para a interpretação personalíssima de Zé Kéti, que se demora em melismas: "os malandros [viiinham] ver..." ou no verso final, "eu terminava [dooormindo] na [caaalçada]":

> Zé Kéti é um personagem, cria uma escola porque tem um jeito absolutamente próprio de cantar que outros imitam conscientemente ou não. É o timbre, a emoção que bota na voz, certas formas de cantar com portamentos, melismas, vibratos e outros recursos. Ele se expressa através da voz, faz um desenho com a voz. Por tudo isso, você ouve e diz: é o Zé Kéti (SANDRONI, 2019, p. 203).

O que nos dizem Clara Sandroni (2019) e Paulão 7 Cordas (2019) leva "Praça Onze, Berço do Samba" ao mesmo caso de "Rancho da Praça Onze", ou seja, difícil classificá-la como gênero textual (Marcuschi) ou tipo de discurso (Maingueneau). Separadamente, seus elementos não apresentam novidade. É um samba-canção (quase onipresente na música brasileira desde os anos

1940) com arranjo de choro (gênero que existia desde o século XIX) falando da Praça Onze (assunto recorrente) com nostalgia do que não volta mais (abordagem comum), na voz de um cantor que usa e abusa, com maestria, de recursos interpretativos para valorizar a letra (há dúzias de cantores que fazem isso). Como num amálgama, a junção dos vários elementos é mais que sua simples soma e, mesmo que esses elementos tenham sido amplamente usados em outras canções e por outros intérpretes, aqui o resultado é inédito e, se não traz informações novas sobre o tema, provoca certamente emoções inabituais.

Bumbum Paticumbum Prugurundum

Bumbum paticumbum prugurundum
O nosso samba, minha gente é isso aí, é isso aí
Bumbum Paticumbum Prugurundum
Contagiando a Marquês de Sapucaí
Enfeitei meu coração
De confete e serpentina
Minha gente se fez menina
Num mundo de recordação
Abracei a coroa Imperial
Fiz meu Carnaval
Extravasando toda minha emoção

Oh, Praça Onze, tu és imortal
Teus braços embalaram o samba
A tua apoteose é triunfal

De uma barrica se fez uma cuíca
De outra barrica um surdo de marcação
Com reco-reco, pandeiro e tamborim
E lindas baianas
O samba ficou assim [bis]

E passo a passo no compasso
O samba cresceu
Na Candelária construiu seu apogeu
As burrinhas que imagem para os olhos um prazer
Pedem passagem p'ros moleques de Debret
As africanas, que quadro original
Iemanjá, Iemanjá enriquecendo o visual

Vem meu amor...
Vem meu amor manda a tristeza embora
É Carnaval, é folia neste dia ninguém chora [bis]

Super Escolas de Samba S/A super alegorias
Escondendo gente bamba, que covardia!

Bumbum Paticumbum Prugurundum
O nosso Samba minha gente é isso aí, bum, bum
Bumbum Paticumbum Prugurundum
Contagiando a Marquês de Sapucaí

Autores: Beto Sem Braço e Aluísio Machado
Intérprete: Quinzinho
Produção: Laíla (Luiz Fernando Ribeiro de Castro), Genaro

Soalheiro e Zacarias Siqueira de Oliveira
Top tape – Rio de Janeiro – 1981

Com este samba-enredo de Beto Sem Braço (Laudemir Casemiro) e Aluísio Machado, cantado por Quinzinho (não consegui descobrir seu nome de batismo), o Império Serrano ganhou o Carnaval de 1982, o penúltimo antes do sambódromo e o último campeonato da agremiação até hoje. O enredo de Lícia Lacerda e Rosa Magalhães, que vinham da escola de Fernando Pamplona e Arlindo Rodrigues, criticava o gigantismo das escolas de samba que, então, eram o maior evento do Carnaval brasileiro, enquanto os sambas-enredo eram as músicas mais tocadas em rádio, bailes e blocos de rua e o disco reunindo todos eles vendiam milhões de exemplares a cada ano. Para os imperianos, as super alegorias das super escolas, que haviam se tornado empresas (S/A), escondiam os bambas, os verdadeiros sambistas, "que covardia!".

Esse enredo estava em consonância com a história do Império, agremiação do subúrbio carioca de Madureira que reunia estivadores do cais do porto e descendentes de escravos que praticavam o jongo, música e dança de origem rural considerado um dos precursores do samba. Foi a primeira escola a ter uma compositora de samba-enredo, Dona Ivone Lara, e o gênero é atribuído a um de seus fundadores, Silas de Oliveira. Seus enredos eram eivados de crítica política e social e é a única escola que sofreu censura oficial durante a ditadura, pois teve que mudar a letra do samba "Heróis da Liberdade" para receber autorização de desfilar em 1969, na ressaca do AI-5. Parceria de Silas de Oliveira, Mano Décio da Viola e Manoel Ferreira, citava brasileiros anônimos que haviam lutado pela liberdade e, em determinado momento, teve que mudar a palavra "revolução" para "evolução". Essa história e a já relatada censura a *Rio 40 Graus* evidenciam o controle que os governos, ditatoriais ou não, tentavam exercer sobre o samba e as formas que sambistas encontravam para fugir dessa pressão.

Em 1982, não houve problemas com o título "Bumbum Paticumbum Prugurundum", expressão que as carnavalescas exigiram estar na música, por ser a marcação do samba, atribuída ora a Mário de Andrade (como citaram as autoras) ora a Ismael Silva (já citado aqui).

A música tem um refrão forte e fácil, que usa uma gíria não habitual na música popular até então, inevitável analogia com a anatomia das cabrochas. No entanto, a letra obedece ao enredo, uma história dividida em três partes: começa narrando a origem das escolas de samba e refere-se à Praça Onze como o lugar mítico onde tudo era mais simples e improvisado ("de uma barrica se fez uma cuíca / de outra barrica, o surdo de marcação"). Na segunda parte, fala dos tempos gloriosos, em que as escolas de samba eram prestigiadas e desfilavam nas imediações da igreja Nossa Senhora da Candelária, a mais chique do Rio. Nos dois versos finais, critica o gigantismo das escolas de samba, já nos anos 1980 ("escondendo gente bamba, que covardia!"). Não aponta saída para o impasse.

Não há respeito à métrica, seja na quantidade de sílabas dos versos, nem à quantidade deles nas estrofes. Mas há a rima, com algum método. No refrão, rima-se "é isso aí" com "Sapucaí". Na primeira estrofe, de sete versos, rimam-se o primeiro, o quarto e o sétimo ("coração", "recordação" e "emoção"). O segundo e o terceiro rimam também ("serpentina" e "menina"), assim como o quinto e o sexto ("imperial" com "Carnaval"). A segunda estrofe, de três versos, rima o primeiro com o terceiro ("imortal" e "triunfal", rimas recorrentes em sambas-enredo). A terceira estrofe tem uma rima dentro do primeiro verso ("barrica" com "cuíca") e rima o terceiro com o quinto ("tamborim" com "assim"), deixando o segundo e o quarto versos solteiros, ou seja, sem outro com o qual rimar, o que é habitual entre os versejadores desde o tempo em que o samba era improvisado. Mas a melodia acentua o sufixo no terceiro verso e o quarto é quase emendado com o quinto verso. A quarta estrofe volta a ter sete versos. Tem rima dentro do primeiro verso ("passo a passo" com "no compasso"). Rima o segundo com o terceiro ("cresceu" com "apogeu", embora sem métrica) e o sexto com o sétimo ("original" com "visual"), deixando o quarto e o quinto versos solteiros. A quinta estrofe também possui apenas dois versos rimando "chora" com "embora". Enquanto a sexta, e última estrofe, também de dois versos, rima "alegoria" com "covardia".

É um samba feito por especialistas. Aluísio Machado é um baluarte (como são chamadas as pessoas que guardam as tradições nas escolas de samba) do Império Serrano, do qual é compositor, cantor e mestre-sala. Foi também ator de filmes cânones como *Rio 40 Graus* e *Orfeu Negro*, produção francesa baseada no musical *Orfeu da Conceição* de Tom Jobim e Vinicius de Moraes, que ganhou o Oscar de melhor filme em língua estrangeira em 1960. O próprio Aluísio Machado já foi tema de dois documentários. Com mais de 86 anos, aposentado do Tribunal Marítimo, onde trabalhou como arquivista e contador, faz shows e é fundamental em rodas do Império Serrano. Beto Sem Braço passou por outras escolas antes de se tornar compositor e mestre de bateria da agremiação (correspondente ao maestro, numa orquestra sinfônica). O apelido deve-se a um acidente ainda na infância, o que não o afastou de brigas e confusões quando não vencia os concursos de sambas-enredo. É autor de outros sambas do gênero, mas até morrer em 1993, aos 53 anos, não repetiu o sucesso de "Bumbum Paticumbum".

Quinzinho foi cantor do Império por muitos anos e depois passou por outras escolas de samba, sempre usando seu suingue para também fazer contracantos com o coro de pastoras, como nessa gravação. O andamento é corrido, tendência dos anos 1980, quando as escolas saíam com quatro ou cinco mil pessoas que deviam desfilar em menos de uma hora e meia. O cavaquinho e o violão de sete cordas fazem o contraponto com a voz do puxador e das pastoras e os instrumentos de percussão (cuíca, surdo de marcação, reco-reco, pandeiro e tamborim) fazem um solo rapidíssimo quando são citados na letra.

Paulão 7 Cordas chama a atenção para a forma como Quinzinho divide o ritmo, sincopando ainda mais a melodia original, e repara que, num prazo de cinco anos entre o samba da Mocidade Unida de Padre Miguel e "Bumbum Paticumbum", em 1982, a tecnologia de gravação de discos avançou, tornando cada instrumento mais audível, trazendo mais detalhes à interpretação. Mas o coro feminino é mantido pelo mesmo motivo do início do samba: facilitar a percepção da melodia e da letra (2019). Clara Sandroni acrescenta que, mais uma vez, a sonoridade reproduz o som ao vivo, como se a gravação tivesse ocorrido durante o desfile. Ela explica a função do coro:

> Qualquer coro, em qualquer época e estilo, é a junção de várias vozes para amplificar o som, para que a plateia toda ouça melhor. O coro, quando canta solo, quando repete ou reforça uma voz principal, está ali para reforçar a mensagem melódica, harmônica e a letra (2019, p. 203).

"Bumbum Paticumbum" retoma também os sambas-enredo longos. Dura mais de três minutos o que significa que seria cantado menos vezes durante o desfile. Talvez por isso o refrão foi tão forte e fácil de assimilar. Apesar do sucesso e de ter se tornado um clássico do gênero, não é um discurso constituinte (mesmo tendo trazido para o léxico cotidiano a palavra "bumbum", então quase pornográfica), pois tudo nele segue tendências abertas anteriormente. Melodia, letra, arranjo e interpretação repetem uma fórmula já testada, o que não diminui em nada a competência de seus autores e intérpretes. Também não inaugura um gênero, apenas segue uma trilha já aberta até por eles mesmos. Beto Sem Braço e Aluísio Machado voltaram a ela no ano seguinte, com "Baiana, Baiana Mãe", mas não repetiram o êxito de "Bumbum Paticumbum", hoje um clássico.

Evidentemente, a Praça Onze não deixou de ser tema da música popular até hoje, mas foi preciso estabelecer os limites temporais para a pesquisa. Falarei deles adiante. Não se pode definir se a música contribuiu para a nostalgia do bairro ou se, ao contrário, a nostalgia do bairro é que alimenta a produção musical. Talvez seja um círculo virtuoso. Interessante é que, neste século, os judeus, outro grupo que lá viveu até a sua demolição, começaram a retomá-lo como lugar de seu passado e, desde 2014, um bloco de Carnaval começou a sair pelas ruas que sobraram com o nome de Rancho Carnavalesco Praça XI, tocando música judaica com percussão e arranjos abrasileirados. Mas essa mistura merece outra pesquisa tal a riqueza de elementos que envolve.

2.2. A Praça Onze vista de dentro: João da Baiana

> Samba é com João da Baiana. Eu não era do samba. Ele fazia seus sambas lá no quintal e eu, os meus choros na sala de visitas. Às vezes, ia no terreiro fazer um contracanto com a flauta, mas não entendia nada de samba (PIXINGUINHA, em depoimento ao MIS-RJ, 1966. Extraído do livro *As Vozes Assombradas do Museu*, 1970, p. 20).

Na epígrafe acima, Pixinguinha elogia João da Baiana – "samba é com ele" – ou insinua que é um músico sério que tocava na sala de visitas e não no quintal, lugar de capoeiragem, no dizer de João da Baiana (BAIANA, 1966)? Essa é mais uma das controvérsias da música brasileira que não cabe aqui tentar destrinchar, mas evidencia a existência, mesmo entre os músicos negros da Praça Onze, de uma hierarquia social na qual o samba ficava nos níveis mais baixos. Não por coincidência, João da Baiana não se considerava músico profissional ou mesmo sambista, conforme disse pelo menos em duas ocasiões, no seu depoimento ao MIS-RJ e ao então repórter José Ramos Tinhorão para a revista *Veja*. Isso, apesar de ter participado de vários grupos com o próprio Pixinguinha, de orquestras de rádio desde os primórdios desse veículo, ter lançado alguns discos como cantor e compositor, com mais de trinta músicas gravadas por outros artistas, algumas delas com sucesso, como é o caso de "Batuque na Cozinha", que será analisada mais adiante.

É fato também que ele começou a trabalhar aos nove anos de idade, como aprendiz no Arsenal da Marinha, onde se aposentou seis décadas depois, levando uma vida dupla de sambista e funcionário público, o que não era incomum, a exemplo de Carlos Cachaça, parceiro de Cartola e fundador da escola de samba Mangueira, e Aluísio Machado, autor de "Bumbum Paticumbum". Com medo de perder o emprego, João da Baiana não participou da turnê parisiense dos Oito Batutas, grupo liderado por Pixinguinha. Esse preâmbulo mostra que João da Baiana, a quem se atribui ter trazido o pandeiro e o prato e faca como percussão para o samba, é um personagem típico dos primórdios da música brasileira. Por isso, é melhor conhecer um pouco de sua história.

João da Baiana nasceu em 1887, caçula de Perciliana Maria Constança e Felix José Machado, baianos que haviam chegado à Praça Onze um ano antes de seu nascimento, com outros doze filhos. Em criança recebeu o apelido "para destacar o João, filho do seu Manoel, do seu fulano, seu sicrano, o João filho da baiana" (BAIANA, MIS-RJ, 1966). Em seu depoimento, ele nomeia os avós maternos, Joana Reis e Fernando de Castro, que haviam sido escravos, mas não se recorda dos avós paternos, uma evidência do protagonismo feminino na Praça Onze e entre a população negra. A família não era pobre, contou ele, no depoimento. Os avós tinham uma loja de produtos religiosos, no Centro do Rio de Janeiro, e toda a família fazia música. Um irmão era palhaço de circo e uma irmã tocava violino, o que era incomum entre negros à época. Ainda hoje, é raro encontrar violinistas negros. Sua mãe, ao perceber seu talento, o incentivou a tocar pandeiro e cantar:

> Minha mãe gostava do meu ritmo. Nós formávamos a roda de samba de meninos e eu era quem tocava melhor o pandeiro. Então, os garotos, Heitor dos Prazeres, Getúlio Marinho, eram da turma, não pegavam o pandeiro, eu ficava com o pandeiro. Não

tive mestre de música, aprendi por mim o pandeiro (BAIANA, MIS-RJ, 1966).

Fica evidente que João da Baiana começou a compor, tocar e cantar dentro de casa, imitando os adultos no fim do século XIX, quando a batucada se misturava com as cerimônias religiosas e ambas eram consideradas caso de polícia:

> Tinha que ir à chefatura de polícia, explicar para o chefe de polícia que ia dar um samba, ia dar um baile, uma festa, que ia ter um samba no fim. Porque ali daquele samba saía batucada, saía candomblé. Porque cada um gostava de brincar de uma maneira. Então, porque saía samba, batucada, tirava licença geral. A polícia dava licença geral (BAIANA, MIS-RJ, 1966).

Como já disse Hermano Vianna (1995), no entanto, a elite política e cultural brasileira apreciava o samba e, como relata Moura (1995), os sambistas costumavam contar com protetores que os tiravam dos apertos financeiros ou com a polícia. Esses eram comuns, porque ser negro e andar com instrumentos usados no samba – pandeiro ou violão, por exemplo – já era, por si, motivo de suspeição e confisco dos mesmos. João da Baiana contou, em várias ocasiões, que quem o livrou dessa situação foi o senador (José Gomes) Pinheiro Machado, um dos próceres da Primeira República, que sempre o chamava para tocar nas festas em sua casa. Numa dessas ocasiões, ele faltou porque havia sido preso e tivera o pandeiro quebrado pela polícia. O senador mandou soltá-lo e lhe deu um pandeiro novo, com uma dedicatória que, segundo o compositor, evitou que o instrumento fosse quebrado novamente. Na entrevista que deu a José Ramos Tinhorão, em 1971, contou que ainda tinha o instrumento consigo, como uma relíquia. Pinheiro Machado era também primo do compositor Custódio Mesquita, o autor de "Moreno Cor de Bronze", mais uma evidência dessa mistura do samba com a elite política e cultural.

Essas agruras e a negação da condição de músico profissional não o impediram de ter uma sólida carreira, fazendo parte de vários grupos e orquestras, geralmente lideradas por Pixinguinha (Alfredinho no Choro, Grupo do Louro, Conjunto dos Mores e Diabos do Céu, criado para acompanhar os artistas da gravadora RCA Victor), e de ter participado, em 1940 do disco *Native Brazilian Music*, onde gravou "Que Querê Que Que", um ponto de macumba dele, de Donga e de Pixinguinha. Nos anos 1950, lançaria discos em 78 rotações (com uma música de cada lado) e LPs com pontos de macumba de sua autoria (com ou sem parceiros): quatro intitulados *João da Baiana no Seu Terreiro* e um derradeiro, em 1957, *Batuques e Pontos de Macumba*.

Na década seguinte, integraria o grupo Pessoal da Velha Guarda, liderado por Pixinguinha, que gravou o LP *Gente da Antiga* (1968), dividido com Clementina de Jesus e Pixinguinha e produzido por Hermínio Bello de Carvalho, do qual foram tirados dois fonogramas a serem analisados aqui, "Batuque na Cozinha" e "Cabide de Molambo". Embora prestigiado no meio do samba e pela imprensa da época, nem a música nem o emprego público lhe deram prosperidade financeira. No preâmbulo da entrevista que fez com ele, em 1971, para a revista *Veja*, Tinhorão (1971) conta que ele vivia num quarto alugado, no centro da cidade, cujos únicos móveis eram uma cama, um armário, uma cadeira e um peji, o altar de religiões afro. O compositor morreu em 1974, aos

87 anos, no Retiro dos Artistas, no Rio de Janeiro, viúvo e sem herdeiros. Mas suas composições, seu jeito de cantar, o pandeiro e o prato e faca persistem até hoje.

Mais que curiosidades sobre João da Baiana, esses fatos explicariam os temas de suas músicas, especialmente as três que aqui serão analisadas, "Batuque na Cozinha", "Quando a Polícia Chegar" e "Cabide de Molambo", que contam as peripécias de uma população pobre e desassistida, com a qual ele convivia. Sua música narra histórias de personagens reais (como se verá adiante), vivendo situações corriqueiras em que mais vale a esperteza e a diplomacia de quem não conta com a proteção do Estado. Nos seus sambas, a melodia e a harmonia são simples, até repetitivas, mas a letra e o ritmo se casam perfeitamente, fazendo um quadro vivo da situação do sujeito poético, como explica Paulão 7 Cordas:

> As palavras que ele escolhe já sonorizam a música, têm uma pulsação, a fala já está ritmada. Os sambas da época dele não tinham muita variação, eram bem simples harmonicamente, mas a parte percussiva já tinha bastante elementos com o adufe, um pandeiro sem platinelas, e as palmas marcando o ritmo. Para tocar sua música, é preciso ter uma referência muito grande do estilo da época porque é preciso usar um fraseado parecido, com a síncope bem marcada (2019, p. 183).

Ele chama atenção ainda para a importância do texto, da história que se conta nas músicas de João da Baiana:

> Para interpretar João da Baiana, é preciso explorar bem as sonoridades dos vocábulos, que se completam, e entender o texto que ele propõe, sem esquecer a parte musical. É preciso também ter muita

malícia porque ele era muito jocoso. Só que, naquela época, as pessoas tinham muita classe. Até para jogar conversa fora, as pessoas tinham uma elegância. João da Baiana era muito metafórico, muito cadenciado e dançava muito bem. A cena dele dançando com Baden Powell em *Saravah* [documentário do galã francês Pierre Barouh, de 1969] é ótima e ali ele já tinha uns 80 anos (2019, p. 185).

Clara Sandroni (2019) alerta para os recursos tecnológicos usados para realçar a voz de João da Baiana e se entusiasma nos elogios:

> Ele é o pai do suingue, não tem igual. Você sente ironia porque ele suinga, tem malemolência, um jeitinho de chegar. E a letra já vem com metáforas, com brincadeiras para o cantor. João da Baiana ensinou todo mundo a cantar o samba de roda. Na gravação de suas músicas, há um eco na voz dele, criando um ambiente que lhe dá um brilho. Isso porque a voz dele é muito grave (2019, p. 205).

Na contracapa do LP *Gente da Antiga*, o produtor Hermínio Bello de Carvalho conta que a gravação de 16 faixas, das quais foram aproveitadas 12, aconteceu em três dias e que "não se projetou nenhum arranjo, porque se quis preservar um caráter de absoluta espontaneidade de cada um – quase reverência do clima das antigas festas de Nossa Senhora da Penha, em que se fazia música por absoluto amor" (1968). O produtor elogia as performances de Pixinguinha e Clementina de Jesus e fala da dúvida de João da Baiana: cantar com ou sem dentadura. Não é uma anedota, evidencia a preocupação do compositor com a dicção para que seu recado seja perfeitamente entendido. O produtor também nomeia, na contracapa, os músicos que participaram da gravação, deixando claro que o registro é uma obra coletiva e não apenas dele, dos compositores ou cantores. As duas músicas ocupam as faixas 2 e 3 do lado B do LP.

Batuque na Cozinha

Não moro em casa de cômodo
Não é por ter medo não
Na cozinha muita gente
Sempre dá em alteração
Batuque na cozinha
Sinhá não quer
Por causa do batuque
Eu queimei meu pé (bis)
Então não bula na cumbuca
Não me espante o rato
Se o branco tem ciúme
Que dirá o mulato
Eu fui na cozinha
Pra ver uma cebola
E o branco com ciúme
De uma tal crioula
Deixei a cebola, peguei na batata
E o branco com ciúme de uma tal mulata
Peguei no balaio pra medir a farinha
E o branco com ciúme de uma tal branquinha
Então não bula na cumbuca
Não me espante o rato
Se o branco tem ciúme

Que dirá o mulato
Batuque na cozinha
Sinhá não quer
Por causa do batuque
Eu queimei meu pé (bis)
Voltei na cozinha pra tomar um café
E o malandro tá com olho na minha mulher
Mas comigo eu apelei pra desarmonia
E fomos direto pra delegacia
Seu comissário foi dizendo com altivez
É da casa de cômodos da tal Inês
Revistem os dois, botem no xadrez
Malandro comigo não tem vez
Batuque na cozinha
Sinhá não quer
Por causa do batuque
Eu queimei meu pé (bis)
Mas, seu comissário, eu estou com a razão
Eu não moro na casa de arrumação
Eu fui apanhar meu violão
Que estava empenhado com Salomão
Eu pago a fiança com satisfação
Mas não me bota no xadrez
Com esse malandrão
Que faltou com respeito a um cidadão
Que é Paraíba do Norte, Maranhão

Autor: João da Baiana
Intérprete: João da Baiana

Arranjo: Pixinguinha e Nelsinho
Produção: Hermínio Bello de Carvalho
Rio de Janeiro – Odeon – 1968

Hermínio Bello de Carvalho informa que a história contada nessa música é verídica. A "casa de cômodos da tal Inês" existia e o compositor frequentava suas festas. "Foi lá que João encontrou 'um branco mais metido a malandro que todo mundo, um rei sultão, que me rendeu ciúme'" (BAIANA *apud* CARVALHO, 1968). O produtor informa ainda que a música teria sido composta no início do século XX a partir de um tema folclórico. Realmente, a canção conta uma história com princípio, meio e fim, narrada, nessa ordem, pelo sujeito poético na primeira pessoa. A ação começa numa roda de samba e termina na delegacia, com todos presos, como era comum acontecer. Há um evidente cuidado em manter o sincopado do samba na combinação de sílabas tônicas e átonas, de salpicar rimas e fazê-las parecerem naturais, ou seja, não há inversões de discurso, nem palavras que fogem ao cotidiano ou verbos da mesma conjugação, no mesmo tempo, modo e pessoa. Na última estrofe, percebe-se o preciosismo do compositor, terminando todos os versos em "ão", sem prejudicar a fluidez do texto.

Um detalhe interessante é a referência a Salomão, com quem o sujeito poético empenhara o violão. Há muitos sambas antigos com referências a judeus, quase sempre identificados como Salomão, geralmente resolvendo o problema financeiro imediato do sambista, e é bom lembrar que esses dois grupos, negros e judeus, conviveram na Praça Onze pelo menos durante as quatro primeiras décadas do século XX (SILVA, 2015). Note-se também que embora haja um ambiente festivo, em que as portas são abertas a todos, há um código de comportamento, cuja desobediência dá origem à agressão ou "desarmonia". No entanto, o personagem do sujeito poético recusa-se a ser igualado ao "malandrão" porque tem orgulho de sua origem, é "Paraíba do Norte, Maranhão". Até hoje, na gíria carioca, todo nordestino é chamado (pejorativamente ou não) de paraíba e, à época em que essa música foi composta, não se falava em região Nordeste, da Bahia para cima era sempre Norte. É de se notar também a recusa em ser chamado de malandro, pois nos sambas dos anos 1930 em diante o personagem tornou-se corriqueiro, a ponto de haver uma identificação entre samba e malandragem, entre as classes populares e os malandros (CÂNDIDO, 1970).

A primeira estrofe é um *verse*, em que o sujeito poético enuncia sua filosofia de vida (não mora em casa de cômodos para evitar confusões). Esse recurso é pouco comum em sambas da época, que geralmente começavam diretamente no refrão. Em seguida entra a música em si contando a história. Essa tem melodia simples – repetitiva mesmo, como Paulão 7 Cordas já disse serem os sambas da época, início do século XX (2019) – que faz contraste com a riqueza do arranjo em que os sopros (o saxofone de Pixinguinha, a flauta de Manoelzinho e o trombone de Nelsinho) criam contrapontos com a melodia em todos os momentos em que não há canto, enquanto os violões (de seis e sete cordas) e o cavaquinho harmonizam e o pandeiro é constante, marcando o ritmo do início ao fim do arranjo.

A interpretação de João da Baiana, com a voz bem à frente e ressaltada por um ligeiro eco, como chamou atenção Clara Sandroni (2019), valoriza o texto. Ou seja, embora se evidencie o virtuosismo dos instrumentistas, a história que se narra é mais importante. Nas estrofes em que a história é contada, não há contrapontos instrumentais, que ocorrem no refrão e em partes instrumentais. João da Baiana tinha 80 anos quando a gravou e, se a voz não tinha a potência da juventude, a malemolência para cantar estava intacta. Detalhe curioso: embora, no coro, seja evidente a participação feminina, na contracapa apenas homens são citados (CARVALHO, 1968). "Batuque na Cozinha" virou um clássico ao ser gravada por Martinho da Vila (Martinho José Ferreira), dando título a seu LP de 1972, apesar de ser a única não autoral. Depois, teve inúmeras regravações.

Difícil dizer por quem e para quem João da Baiana canta, se quisermos seguir a metodologia de Sylvia Cyntrão (2008). O sujeito poético fala na primeira pessoa, portanto conta uma história que protagonizou. Dirige-se a seu grupo, ao público em geral, busca advertir algum "branco mais metido a malandro que todo mundo" (BAIANA *apud* CARVALHO, 1968) sobre os códigos de comportamento das festas na "casa de cômodos da tal Inês", ou tudo isso ao mesmo tempo? Para responder, pode-se lembrar que os sambas de roda eram um recado (TATIT, 2008) e que as rodas de samba e batuques eram franqueadas a todo tipo de gente (MOURA, 1995), mas a questão fica em aberto, ou seja, difícil saber para quem e por quem fala o compositor/cantor. Questão que se complica porque, à época, faltavam recursos para gravar a música que se fazia nessas reuniões. No entanto, há depoimentos de músicos da época e de pessoas que frequentavam essas festas, como o jornalista Francisco Guimarães, que assinava Vagalume, autor do livro *Na Roda do Samba*, de 1933.

Segundo Marcuschi (2010), pode-se falar do gênero textual (samba de roda) surgido 60 anos antes da gravação e modificado por essa, com o acréscimo de sofisticação no arranjo que o original não tinha, excetuando na parte rítmica (PAULÃO, 2019).

Afinal, o próprio Pixinguinha contou que só "às vezes, ia no terreiro fazer um contracanto com a flauta" (1968). Em contrapartida, o produtor avisou na contracapa que quis preservar o clima e a forma de fazer música nos primórdios do samba (CARVALHO, 1968). Ou seja, essa questão também fica em aberto, assim como uma possível classificação segundo os critérios de Maingueneau (2000). Certamente, "Batuque na Cozinha", cantado por João da Baiana, com o arranjo do LP *Gente da Antiga*, é um discurso fundador que influencia outras interpretações da música até hoje, quase 60 anos depois de seu lançamento. Mas, como ocorreu com o "Rancho da Praça Onze", seus elementos, em separado, não são novidade, o que parece ser, se não recorrente, bastante comum em música popular: a junção de elementos corriqueiros resultar num amálgama novo e inusitado.

Cabide de Molambo

Meu Deus, eu ando
Com sapato furado
Tenho a mania
De andar engravatado
A minha cama é um pedaço de esteira
E uma lata velha, que me serve de cadeira (bis)

Minha camisa
Foi encontrada na praia
A gravata foi achada
Na ilha da Sapucaia
Meu terno branco

Parece casca de alho
Foi a deixa de um cadáver
Num acidente de trabalho

Meu Deus, meu Deus
Meu Deus, eu ando
Com sapato furado
Tenho a mania
De andar engravatado
A minha cama é um pedaço de esteira
E uma lata velha, que me serve de cadeira

E o meu chapéu
Foi de um pobre surdo e mudo
As botinas foi de um velho
Da revolta de Canudos
Quando eu saio a passeio
As almas ficam falando
Trabalhei tanto na vida
Pro malandro estar gozando

Meu Deus, meu Deus
Meu Deus, eu ando
Com sapato furado
Tenho a mania
De andar engravatado
A minha cama é um pedaço de esteira
E uma lata velha, que me serve de cadeira

*A refeição
É que é interessante
Na tendinha do Tinoco
No pedir eu sou constante
Seu português
Meu amigo sem orgulho
Me sacode um caldo grosso
Carregado no entulho*

*Meu Deus, meu Deus
Meu Deus, eu ando
Com sapato furado
Tenho a mania
De andar engravatado
A minha cama é um pedaço de esteira
E uma lata velha, que me serve de cadeira*

Autor: João da Baiana
Intérprete: João da Baiana
Arranjo: Pixinguinha e Nelsinho
LP *Gente da Antiga*
Produção: Hermínio Bello de Carvalho
Rio de Janeiro – Odeon – 1968

Ao contrário de "Batuque na Cozinha", "Cabide de Molambo" teve sua primeira gravação em 1928, com o cantor Patrício Teixeira, que registraria os primeiros sambas de João da Baiana, com êxito de vendagem e execução no rádio, então ensaiando seus primeiros passos. Segundo o compositor, a música teria inspirado Noel Rosa que, em 1930, lançaria o seu primeiro sucesso, "Com Que Roupa?" (BAIANA, 1966), com o mesmo tema: a penúria de um quase mendigo. Na contracapa de *Gente da Antiga*, informa-se que a música foi composta pelos idos de 1917, inspirada num personagem que frequentava a tendinha (quiosque improvisado onde se vende comida e bebida) de Tinoco (de quem sabe-se apenas o apelido) na Gamboa, bairro do Centro do Rio de Janeiro. "Ele era 'aletrado', um quase poeta que compreendia português: era mendigo, mas servia aos amigos" (BAIANA *apud* CARVALHO, 1968). Não encontrei a palavra "aletrado" nos dicionários *Novo Aurélio Século XXI* ou *Caldas Aullet*, mas lá existe "aletradar-se", com o sentido de "fazer-se letrado; tornar-se versado em letras" (FERREIRA, 1999, p. 92). Na fala de João da Baiana, não ficou claro se o personagem seria iletrado ou teria as primeiras letras.

Na mesma contracapa o produtor informa que o compositor classificou "Cabide de Molambo" como samba natural (que o próprio Carvalho confessa não saber o que é) e samba corrido (CARVALHO, 1968). Desse último, João da Baiana falara dois anos antes, em seu depoimento ao MIS-RJ, deixando claro ser diferente do samba de roda, também cantado em grupo, mas sem verbalizar a diferença, apenas cantando e se acompanhando com palmas (BAIANA, MIS-RJ, 1966).

Melodicamente, "Cabide de Molambo" é mais simples que "Batuque na Cozinha", pois refrão e estrofes têm quase a mesma melodia, mas a letra é rica em referências à *belle époque* carioca e é eivada de ironia: o sujeito poético, reconhece a penúria em que vive e o esforço para passar-se por alguém com mais posses, pois tem "a mania de andar engravatado". Algumas expressões devem ser contextualizadas. A Ilha da Sapucaia, onde a gravata foi encontrada, era o depósito de lixo da cidade, situado num pequeno arquipélago da Baía de Guanabara, onde hoje se ergue o Campus Fundão da UFRJ. "As botinas de um velho da revolta de Canudos" fazem referência à revolta monarquista ocorrida na Bahia, entre 1893 e 1897, relatada por Euclides da Cunha em *Os Sertões*. Os soldados rasos, retornados do conflito e sem recursos para morar na cidade urbanizada, ocuparam o Morro da Providência, criando a primeira favela carioca, ou seja, os sapatos foram herdados de um velho soldado empobrecido e favelado. Já morto, o ex-combatente reclamaria porque outro homem aproveitava parte do uniforme que foi dele na guerra. A sopa ou caldo de entulho é feita de restos das refeições do dia (ou de dias anteriores), um prato barato, da baixa gastronomia carioca até hoje.

A métrica dos versos e as rimas não obedecem a um padrão. Há versos de quatro e de treze sílabas e as rimas se espalham aleatoriamente, sendo que na última estrofe inexistem. No entanto, há um perfeito casamento entre o ritmo e a sequência de átonas e tônicas, distribuição que a interpretação de João da Baiana valoriza, como bem chamaram atenção Paulão 7 Cordas (2019) e Clara Sandroni (2019). O arranjo, novamente de Pixinguinha e Nelsinho, segue o padrão da outra faixa: uma introdução em que seu saxofone dialoga com a flauta de Manuelzinho (Manuel Gomes, outro músico erudito que optou pelo samba e o choro) e os dois, com o trombone de Nelsinho, havendo floreios e contrapontos, mas só quando João da Baiana não canta.

O coro é só masculino, como é nomeado na contracapa do disco (CARVALHO, 1968), e, novamente, a voz de João da Baiana ganha um pequeno eco e muita ironia na autodescrição que o sujeito poético faz. Como o samba corrido era um gênero gregário, com todos cantando e dançando juntos o refrão e uma ou duas pessoas versejando nas estrofes intermediárias (que aqui têm a mesma melodia do refrão), é possível que a música tivesse mais versos e tenha sido reduzida para caber nos três minutos máximos possíveis nas gravações dos anos 1920, quando foi registrada pela primeira vez. Até a invenção do LP, no fim dos anos 1940, as gravações tinham no máximo três minutos, padrão que foi mantido pela indústria fonográfica até os anos 1960. Quando gravou "Cabide de Molambo", João da Baiana respeitou a versão de Patrício Teixeira.

Difícil não classificar esse samba de João da Baiana como um discurso fundador (até porque teria, segundo ele, inspirado um clássico, "Com Que Roupa?"), mas faltam elementos para enquadrá-lo nessa classificação, se seria um novo tipo de samba, diferente do que se fazia à época, se o tema de que trata era recorrente ou não na música, nas festas da Praça Onze. É um discurso aberto porque atinge um público grande, mas poucos compositores teriam capacidade de repeti-lo (MAINGUENEAU, 2000). Se, como já disseram Paulão 7 Cordas (2019) e Clara Sandroni (2019), João da Baiana é um fundador de um gênero musical, uma forma de fazer música e interpretá-la, a gravação de "Cabide de Molambo", em 1928, onze anos depois de sua composição, a inclui num gênero textual, então, recém-criado: o samba feito para ser ouvido no rádio e em disco e não mais numa relação direta entre quem canta e o público. Seria, portanto, elo fundamental "da intensa e diversificada corrente sonora que brotava nos bairros e guetos negros" (SANMIGUEL, 1991, p. 58), das periferias das metrópoles americanas, um autêntico representante da modernidade do lado oeste do Atlântico (SAN-MIGUEL, 1991).

Quando a Polícia Chegar

Se é de mim, podem falar
Se é de mim, podem falar
Meu amor não tem dinheiro,
não vai roubar pra me dar (bis)

Quando a polícia vier e souber,
quem paga casa pra homem é mulher (bis)

No tempo que ele podia
Me tratava muito bem
Hoje está desempregado
Não me dá porque não tem

Quando eu estava mal de vida
Ele foi meu camarada
Hoje dou casa e comida,
dinheiro e roupa lavada

Autor: João da Baiana
Intérpretes: Cristina Buarque e Clementina de Jesus
Produção: Copinha, Cristóvão Bastos e Nelsinho
LP *Cristina*
Rio de Janeiro – Ariola – 1981

A terceira música de João da Baiana, "Quando a Polícia Chegar", é analisada na única versão encontrada, com Cristina Buarque e Clementina de Jesus, no LP que leva o nome da primeira, lançado em

1981, com produção do flautista Copinha (Nicolino Copia), do pianista Cristóvão Bastos e do trombonista Nelsinho, não por coincidência, coprodutor do LP *Gente da Antiga*. Quase 70 anos separam a gravação desse samba de roda de sua composição que, segundo Mônica Velloso (1996), teria ocorrido em 1915 e retratava a situação da mulher negra à época, geralmente arrimo da família na qual a figura paterna era inexpressiva ou inexistente. Situação decorrente da escravidão, que privilegiava a unidade familiar mãe/filho, e agravada pelo fato de que as mulheres negras tinham mais facilidade para encontrar trabalho remunerado (ou buscavam com mais afinco?).

Moura (1995) já falou da bravura com que as mulheres da Praça Onze buscavam seu sustento e de suas famílias, fato confirmado por Mônica Velloso (1996). "Por meio do trabalho doméstico, da culinária e dos mais variados biscates, as mulheres conseguiam garantir, mesmo que em bases precárias, o sustento dos seus" (VELLOSO, 1996, p. 211). Nessa canção, o sujeito poético é uma dessas mulheres, explicando sua situação matrimonial/patrimonial. Seu homem está desempregado, mas não é ladrão, e ela é solidária pois ele a ajudou quando ela "estava mal de vida" e hoje ela lhe dá "casa, comida, dinheiro e roupa lavada".

Na análise de "Moreno Cor de Bronze", já se falou sobre a importância da mulher como organizadora das festas em que se tocava samba e como intérprete, além da quase inexistência de compositoras, embora cantoras encomendassem e escolhessem seu repertório. João da Baiana, como compositor, era cronista do cotidiano das pessoas com as quais convivia. É natural que descreva, na música, uma situação que, se não viveu, conhecia de perto, como evidencia o fato de achar natural não saber o nome de seus avós paternos (BAIANA, 1966). O compositor nunca se interessou em contar – nem lhe foi perguntado em entrevistas e depoimentos – como e por que essa música foi composta e nada indica ter sido uma encomenda como as cantoras costumavam fazer. Não se sabe também por que demorou quase sete décadas para ser gravada. Em 1968, foi apresentada (pela primeira vez, ao que se tem notícia) na I Bienal do Samba, interpretada por Clementina de Jesus, mas nem ficou entre as finalistas, não havendo registro dessa apresentação, pois parte do acervo da TV Record perdeu-se num incêndio.

Em 1981, quando gravou esse samba, que abria o lado B do quinto de seus onze álbuns, Cristina Buarque já era mais que a irmã caçula de Chico Buarque (Francisco Buarque de Hollanda). Em 1974, lançara o hit "Quantas Lágrimas", samba do portelense Manacéa (Manacé José de Andrade) e se tornara uma das principais pesquisadoras do repertório de sambistas novos e antigos que estavam esquecidos da indústria fonográfica, "em um trabalho de garimpagem de suas obras" (CRAVO ALBIN, s/d). Em coluna no *Jornal do Brasil*, o crítico Tarik de Souza diria que a cantora "redescobre com afinco pérolas esquecidas" (1981). Nesse mesmo disco, cantaria também "Pela Última Vez", de Noel Rosa, "Marido da Orgia" (de Cyro de Souza, parceiro menos conhecido de Babaú da Mangueira – Waldomiro José da Rocha – no samba clássico "Tenha Pena de Mim"), "Canção das Infelizes" (de Donga e Luiz Peixoto), além de lançar "Meu Guri", de Chico Buarque, coincidência ou não, outra música em que o sujeito poético é uma mulher, mas já no fim do século XX e às voltas com o filho marginal.

"Quando a Polícia Chegar" tem dois refrãos, nos quais o sujeito poético – uma mulher – desafia o público, que responde em coro. Embora na primeira estrofe as rimas sejam com verbos no mesmo tempo, modo e conjugação, no segundo, quase como compensação, rima-se "mulher" com "souber" e as rimas continuam ricas nas estrofes: "bem" com "tem", na primeira estrofe; "vida" com "comida" e "camarada" com "lavada", na segunda estrofe. Nessa, há uma expressão popular "dou casa, comida, dinheiro e roupa lavada" que é usada até hoje. Há, na música brasileira, casos de expressões que eram restritas a um pequeno grupo e se popularizaram nacionalmente quando incluídas em um hit. É o caso de "com que roupa?" (Noel Rosa, 1930), significando com que meios, de que forma fazer algo além do alcance, e "deixa a vida me levar" (Serginho Meriti e Eri do Cais, respectivamente – Sergio Roberto Serafim e Erivaldo Severino da Silva, 2002). Conhecer a origem de uma expressão popular é um exercício fascinante, mas muito além da possibilidade dessa pesquisa.

O arranjo repete e tenta criar o ambiente das rodas de samba e batuques do início do século XX. Os violões de sete e de seis cordas fazem a harmonia. O cavaquinho introduz a melodia do primeiro refrão antes de um coro feminino cantá-lo e faz contrapontos com a melodia durante toda a música. No segundo refrão entram também homens no coro e logo Cristina Buarque canta a primeira estrofe, também de forma quase falada (ou, com recursos mais da fala que do canto, como bem esclareceu Clara Sandroni, 2019). Clementina de Jesus entra repetindo o primeiro refrão e, após o coro misto cantar o segundo, cabe a ela a segunda estrofe. Clara Sandroni se derrama em elogios:

> Esta música foi feita justamente na época em que o samba era perseguido pela polícia e continua atual. Clementina de Jesus deve ter sido contemporânea de João da Baiana e sua voz vem desse tempo, uma voz negra, antiga, do terreiro, no sentido de pré-gravação, uma voz de roda de samba, de tradição negra que ficou nela... Clementina tem o jeito de cantar do samba de roda, mas não é uma voz sem aspectos in-

terpretativos. Quando canta o refrão, ela usa elementos do intérprete, do cantor porque talvez ela não falasse assim (2019, p. 204).

Aqui, vale falar de Clementina de Jesus, que tinha 79 anos quando fez essa gravação. Nascida em Valença, na região cafeeira do Estado do Rio de Janeiro, em 1902, mudou-se com a família para o Rio de Janeiro ainda criança, morando em Oswaldo Cruz (onde foi fundada e existe até hoje a escola de samba Portela). "Seu pai, Paulo Batista dos Santos, foi mestre de capoeira, violeiro e estucador. Com a mãe, Amélia de Jesus dos Santos, parteira, aprendeu os cantos de trabalho, partido-alto, ladainhas e jongos, assim como corimás e pontos de candomblé" (ALBIN, s/d). Trabalhava como empregada doméstica e cantava na rua quando foi vista e ouvida por Hermínio Bello de Carvalho que a levou para se apresentar no Zicartola. Também compositora, ela foi das poucas cantoras que, mesmo com o advento das gravações, manteve o jeito informal, quase falado, de cantar samba.

"Quando a Polícia Chegar" seria um discurso primeiro ou fundador (MAINGUENEAU, 2000)? Foi, ao ser composto nos anos 1910, e assim permaneceu por muitos anos até sua gravação, pois não se conhece, até então, uma música em que a mulher se declara livre e independente o suficiente para escolher e sustentar o seu homem. A interpretação de Clementina de Jesus, embora siga uma tradição (ou seja, não é pioneira), era novidade, em 1981, época em que as cantoras se dividiam entre o *bel canto* e a voz de peito da Bossa Nova (e Cristina Buarque vai pelo mesmo caminho). A personagem encarnada pelo sujeito poético fala para um grupo, "se é de mim, podem falar", mas não pelo grupo a que se dirige ou por qualquer outro, pois desconfia que falam mal dela e, quando se justifica, usa a primeira pessoa do singular.

Certamente, criou um novo gênero textual (MARCUSCHI, 2010), atendendo a uma necessidade do momento. A mulher sustenta seu homem, um arranjo não aceito pela moral burguesa (VELLOSO, 1996), mas justifica-se. É novo também porque, como já se disse, aqui a mulher não lamenta ou reclama do amor não correspondido ou dos maus-tratos do homem amado. Simplesmente o sustenta em retribuição à solidariedade quando ela "estava mal de vida". No entanto, se é um discurso fundador ou um gênero textual novo, não teve seguidores. Ao menos, não tenho conhecimento de outras músicas no mesmo tom e com o mesmo tema, nem de cantoras que seguiram (ou tentaram com algum sucesso seguir) a trilha de Clementina de Jesus. Talvez Jovelina Pérola Negra (Jovelina Faria Belfort) que teve a curta carreira (cerca de 10 anos) interrompida pela morte aos 54 anos. Assim, Clementina de Jesus é fundadora de um gênero que, até agora, não tem seguidores.

A obra de João da Baiana vai muito além desses três sambas (o *Dicionário Cravo Albin* lista 29 músicas gravadas) e não se resume à composição, pois ele trouxe novos instrumentos e uma forma nova de interpretar sua música (e de dançá-la também). Sua presença numa pesquisa sobre as canções sobre a Praça Onze marca a diferença entre a visão de quem era de fora do bairro e de quem lá vivia. É o contraponto da visão romantizada com a experiência concreta, sem juízo de valor, sem indicar se esse ou aquele compositor ou intérprete é mais autêntico ou tem mais qualidade que outro, até porque a autenticidade do samba, como bem mostraram Hermano Vianna (1995) e Flávio Aguiar Barbosa (2009), também foi forjada. Trata-se apenas de mostrar visões diferentes de um mesmo tema, um bairro que aconteceu há quase um século e, como se viu na seção anterior, entrou na mitologia brasileira. Aqui, tentei mostrar músicas que contribuíram para isso.

3. Como se cria memória

A memória é um elemento constituinte do sentimento de identidade (POLLAK, 1987, p. 5).

Os estudos sobre a formação da memória datam do fim do século XIX, sendo o livro *Matéria e Memória*, de Henri Bérgson, em 1896, um marco. Mas só em meados do século XX, Halbwachs se preocuparia com a formação das memórias coletivas e a relação dessas com as individuais. Apesar de importantes e muito citadas hoje, as premissas de Halbwachs ficaram adormecidas até os anos 1970, como informam Nascimento e Menandro, no artigo "Memória e Saudade: Especificidades e Possibilidades de Articulação na Análise Psicossocial de Recordações" (2005). Segundo esses autores, "não é possível conceber o surgimento e a continuidade de culturas humanas sem tomar como condição indispensável a possibilidade de os indivíduos armazenarem e comunicarem informações" (2005, p. 6).

Michel Pollak, estudioso da memória coletiva a partir de entrevistas com pessoas que viveram a II Guerra Mundial (1939-1945) acrescenta que as informações, quando são sobre um passado comum, não exigem de quem as guarda ter vivido a experiência recordada:

São acontecimentos dos quais a pessoa nem sempre participou mas que, no imaginário, tomaram tamanho relevo que, no fim das contas, é quase impossível que ela consiga saber se participou ou não. Se formos mais longe, a esses acontecimentos vividos por tabela vêm se juntar todos os eventos que não se situam dentro do espaço-tempo de uma pessoa ou de um grupo. É perfeitamente possível que, por meio da socialização política ou da socialização histórica, ocorra um fenômeno de projeção ou de identificação com determinado passado, tão forte que podemos falar numa memória quase que herdada (1987, p. 2).

Pollak vai adiante: a memória herdada estende-se a pessoas, épocas e lugares. Ele cita o período de Charles de Gaulle (1959-1969), na França: "não é preciso ter vivido na época do general De Gaulle para senti-lo como um contemporâneo" (1989, p. 2). O autor afirma que nessas lembranças criadoras de identidade e pertencimento misturam-se detalhes como datas e lugares com fatos da vida pessoal. Segundo ele, pessoas que viviam na Normandia durante a II Guerra confundiam o uniforme dos alemães daquele conflito com o uniforme da I Guerra Mundial (1914-1918), encerrada vinte anos antes. E muitos ligavam batalhas (acontecimentos coletivos) ao nascimento de um filho, o noivado de uma filha (eventos privados), misturando até o dia do fim da I Guerra (11 de novembro) com o término da II Guerra (8 de maio) e essas datas com aniversários de casamento, batizados etc. Quanto aos personagens, as citações de um passado com eles cresciam junto com sua importância histórica. Pollak cita Jean Molin, líder da resistência francesa e desconhecido da maioria das pessoas de sua cidade nos anos 1950, mas lembrado por quase todos os mesmos moradores, nos anos 1980, quando havia sido declarado herói nacional (1987).

Fato semelhante ocorre com os relatos sobre o samba, a Praça Onze e seus personagens. Pessoas nascidas nos anos 1940 garantem ter convivido com seus personagens ou assistido aos carnavais lá realizados, mas o último ocorreu em 1942. Na entrevista realizada para o livro *Negros e Judeus na Praça Onze: A História Que Não Ficou na Memória* (SILVA, 2015), em 2009, Maria do Socorro afirmou se lembrar das festas na casa de Tia Ciata, recordação impossível de ter sido vivida: Maria do Socorro chegou à Praça Onze em 1932, oito anos após a morte de Tia Ciata, ocorrida em 1924.

No entanto, ela não se lembrava de nenhum fato ou pessoa do curto período (entre 1932 e 1933) que frequentara a Escola Benjamin Constant, no mesmo bairro, pela qual passaram quase todas as crianças que viveram na Praça Onze no século XX, ou seja, até 1942. Além disso, garantia que o desfile das escolas de 1932, o primeiro oficial, quando ela tinha 12 anos, tinha sido mais longo e grandioso que o do sambódromo, em 1984, a que assistiu levada pelos netos. Em 1932, cada escola desfilava com, no máximo, cem pessoas (CABRAL, 1996) e, no primeiro desfile do sambódromo, a média por agremiação era de três a quatro mil integrantes. Histórias como a de Maria do Socorro ocorrem até hoje com relação à Praça Onze e segundo Pollak, quem as conta não mente ou inventa, voluntariamente, uma experiência passada, porque uma pessoa pode se lembrar de dados que não lhe dizem respeito especificamente.

A memória é, em parte, herdada, não se refere apenas à vida física da pessoa. A memória também sofre flutuações que são função do momento em que ela é articulada, em que ela está sendo expressa. As preocupações do momento constituem um elemento de estruturação da memória. Isso é verdade também em relação à memória coletiva, ainda que essa seja bem mais organizada (POLLAK, 1987, p. 4).

Isso ocorre mesmo levando-se em conta que, como afirma o pioneiro Halbwachs, é preciso haver pontos de contato e coincidências entre a memória individual e a coletiva (1968/1990) porque:

> A função principal da memória é dar sentido ao presente de um grupo ou de um indivíduo, sentido esse que deve ser continuamente construído, uma vez que a memória não é estática, pois na base da sua formação encontra-se a negociação entre as lembranças do sujeito ou grupo e as dos outros grupos ou sujeitos. (NASCIMENTO & MENANDRO, 2005, p. 08).

Os quatro autores aqui citados concordam em mais um ponto: memórias coletivas são instáveis e, por isso, uma zona de conflito entre grupos antagônicos (ou nem tanto, como famílias ou partidos políticos) e, por isso, são negociadas. Pollak fala do "enquadramento da memória" (1987, p. 7), um investimento de grupos dominantes, função que caberia a historiadores, mas não só a eles. Ele cita a historiadora franco-canadense Régine Robin, para quem o cientificismo da história (especialmente a partir do fim do século XIX quando o positivismo exigiu provas documentais para a narrativa histórica) restringe a realidade, sendo a ficção (os romances, mais especificamente), mais apropriada para relatar a história e, dessa forma, criar a memória.

Pollak concorda com essa premissa no caso de cânones, como Marcel Proust ou James Joyce, mas recusa esse papel "aos livrinhos que se compram nas estações de trem ou de ônibus" (1987, p. 11). Sem estabelecer juízo de valor ou defender aqui quais seriam os romances brasileiros da alta ou da baixa literatura, é certo que esse papel é cumprido pelos escritores brasileiros desde Joaquim Manoel de Macedo, no pioneiro *Memórias de um Sargento de Milícias*, lançado em 1854, sem esquecer Machado de Assis (em crônicas e romances), Jorge Amado, Fernando Sabino, Rubem Braga ou Paulo Coelho. Neste século, por autores como Ana Maria Gonçalves (*Um Defeito de Cor*), Itamar Vieira Júnior (*Torto Arado*) e Jeferson Tenório (*O Avesso da Pele*), não por acaso, ficcionistas que têm negros como protagonistas. Não é de se surpreender que *Um Defeito de Cor* tenha sido enredo da Portela em 2024.

Esse uso da literatura para criação de identidade vem do Império, pois "os escritores românticos, após a independência, como se estivessem empreendendo uma cruzada, realizaram uma intervenção deliberada utilizando-se da literatura para criar e difundir uma ideia de nação" (QUIRINO, 2005). Ou seja, criado o Estado brasileiro, a literatura, como já se disse, contribuiu no trabalho de criar uma nação. Não por acaso, os romances começaram a ser publicados na segunda metade do século XIX, quando o imperador dom Pedro II consolidara seu poder do Norte ao Sul do país. Aos escritores, pode-se também acrescentar poetas, como Gonçalves Dias e Olavo Bilac. Não cabe aqui discutir se a imagem do Brasil criada por eles correspondia ou não à realidade, trabalho que já vem sendo feito exaustivamente e que não é foco dessa pesquisa.

Mas a música, especialmente o samba, também entraria nesse "enquadramento da memória"? Na República, seguramente, como projeto do governo de Getúlio Vargas. Primeiro de uma forma oficiosa, entre os grupos periféricos que se reuniam em torno de seus cantos rituais, fato comum a todas as Américas, na "intensa e diversificada corrente sonora que brotava nos bairros e guetos negros, nos arrabaldes e subúrbios, habitados por marginais, proletários, imigrantes, escravos e libertos" (SANMIGUEL, 1991, p. 58). A oportunidade de gravar essas canções permitiu que não caíssem no esquecimento (TATIT, 2008) e trouxe retorno financeiro aos compositores, músicos e cantores. No caso brasileiro, como contam Vianna (1995) e Barbosa (2009), o Estado Novo aproveitou o sucesso do samba, divulgado pelo rádio e pelo disco, para difundir o sentimento de nacionalidade necessário a seu projeto político.

Mais que romances ou poemas, o projeto nacionalista de Vargas tinha na música – popular e erudita, com Villa-Lobos,– o veículo ideal para criar memória e identidade, já que contava histórias, dava recados (TATIT, 2008) e era de fácil assimilação, especialmente num país onde, até hoje, as taxas de alfabetização são baixas e os hábitos de leitura pouco disseminados, menos de três livros por pessoas por ano, segundo pesquisa feita na década passada pelo Instituto Pró-Livro (LEITÃO, 2019). Na já citada matéria dos 50 anos da morte do presidente Vargas no *Estado de S. Paulo*, historiadores afirmam que o Ministério da Educação e Saúde, criado em 1930, trouxe para o governo os escritores e intelectuais, especialmente a partir de 1934, quando Gustavo Capanema tornou-se ministro e Carlos Drummond de Andrade, seu chefe de gabinete.

A historiadora Lucia Lippe cita apenas duas exceções: Oswald de Andrade e Graciliano Ramos nunca trabalharam para o governo Vargas (SILVA, 2004). No entanto, não se tem notícia de o presidente ter fundado sequer uma livraria, ou trazido para seu convívio qualquer escritor. Mas tratou de encampar a Rádio Nacional para divulgar a música brasileira em todo o país, em rede simultânea, e fazia questão de ser visto nos shows (então chamados teatro de revista), além de alardear sua amizade com músicos e cantoras. Ressalte-se que uns e outros, músicos e escritores, sofriam a censura do Departamento de Imprensa e Propaganda (DIP) (SILVA, 2004). Mas outros fatores, além da pouca leitura da população brasileira, tornaram o samba importante veículo para criação de memória e identidade. Como bem lembrou Sérgio Cabral, o convívio de Vargas com músicos vinha de antes e ele foi o autor da Lei 9.610, de 1928, a primeira a tratar de direito autoral para músicos e compositores (SILVA, 2004). Havia, nessa música, uma qualidade intrínseca, resultado da rica tradição passada de uma geração à outra, como contaram João da Baiana e Heitor dos Prazeres; havia músicos brasileiros com formação acadêmica como Custódio Mesquita, João Roberto Kelly, Radamés Gnatalli e Pixinguinha, e estrangeiros, como os já citados Simon Bountman (arranjador de "Moreno Cor de Bronze") e Frederico Figner (fundador da primeira gravadora brasileira) que traziam a informação musical e a *expertise* para fazer a indústria fonográfica funcionar. E, principalmente, havia um público disposto a consumir o conteúdo produzido por essas pessoas e veiculado no rádio.

Com o apoio do Estado Novo, criou-se a estrutura de *show business*, com forte esquema de divulgação em todo o país que tem seus reflexos até hoje. Era uma política de mão dupla, com o governo se aproveitando do talento de compositores, cantores, produtores e instrumentistas e esses beneficiando-se das condições apresentadas para realizar seu trabalho de criação e divulgação de sua música. Um esquema reaproveitado de várias formas por governos que sucederam o Estado Novo, pois relembrando Larry Portis, por orientar "a vida emocional de milhões de pessoas... a música popular pode seguramente ter um papel numa estratégia de controle social" (1997, p. 69).

Parafraseando Marcuschi (2010), o samba foi um gênero textual criado nos primeiros anos do século XX para as populações desclassificadas se expressarem e terem um meio de sustento. Foi reutilizado como instrumento do projeto político do Estado Novo com tal êxito que a estratégia vem sendo utilizada pelos governos que sucederam o Getulismo até hoje. Dessa forma, pode-se associar a Bossa Nova ao desenvolvimentismo de Juscelino Kubitschek, o sambão joia de Benito de Paula e a MPB à ditadura militar, o rock Brasil e o pagode à abertura política e música sertaneja aos períodos de Fernando Collor de Mello e Fernando Henrique Cardoso. Este século ainda é muito recente para caber uma analogia como essa.

3.1. A Praça Onze e a nostalgia

> Não há memória coletiva que não se desenvolva num quadro espacial. Ora, o espaço é uma realidade que dura: nossas impressões se sucedem, uma à outra, nada permanece em nosso espírito, e não seria possível compreender que pudéssemos recuperar o passado, se ele não se conservasse, com efeito, no meio material que nos cerca (HALBWACHS, 1990, p. 149).

Embora a memória seja negociada, Halbwachs chama atenção na epígrafe acima para a necessidade de haver um espaço ou um elemento material para que ela se crie e permaneça. Nora (2012) acrescenta que esse elemento material não precisa ser um espaço físico, pode ser produzido para unir um grupo, o lugar de memória. Pode ser uma data, um monumento, um evento, hinos oficiais ou tudo isso junto. No Brasil, o melhor exemplo é o dia 7 de setembro, quando se comemora a Independência com desfiles militares e colegiais, hasteamento da bandeira em monumentos e entoa-se o "Hino Nacional Brasileiro". Mas, no caso da Praça Onze, é de se perguntar como o bairro tornou-se um lugar de memória sem existir fisicamente e sem ter marcos ou lugares de memória oficiais até os anos 1980. Os eventos culturais que ali aconteciam passaram a ocorrer em outros locais, até porque não eram exclusivos do bairro, pois sempre houve batuques e blocos carnavalescos em outras regiões do Rio de Janeiro, e os desfiles de ranchos e escolas de samba não foram interrompidos com a demolição da Praça, em 1942.

Quase todos os marcos de memória da Praça Onze foram criados durante o primeiro governo de Leonel Brizola no Rio de Janeiro. O sambódromo foi inaugurado em 1º de março de 1984, na Avenida Marquês de Sapucaí, para onde os desfiles tinham voltado desde 1976. Ao lado foi criado o Terreirão do Samba, para grandes shows do gênero (que se chamou João da Baiana, quando inaugurado, e passou a homenagear o compositor mangueirense Nelson Sargento a partir de 2021, ano de sua morte). A Escola Municipal Tia Ciata também fica nas redondezas e, do lado oposto, quase no fim da Avenida Presidente Vargas, fica o monumento a Zumbi dos Palmares. Esse foi construído após uma longa discussão e batalha dos movimentos negros. Para maiores informações sobre a história do monumento a Zumbi, recomenda-se o artigo "Nos Atalhos da Memória", de Mariza de Carvalho, no livro *A Cidade Vaidosa: Imagens Urbanas do Rio de Janeiro*, organizado por Paulo Knauss.

A música que se produzia na Praça Onze, ou sobre o bairro, certamente influiu nesse processo, mas só isso não basta, pois ao longo de muitas décadas houve muitas canções sobre os bairros de

Copacabana, na Zona Sul do Rio de Janeiro, onde a Bossa Nova se formatou, mas isso não o tornou um lugar de memória sequer para os bossanovistas. Afinal, a garota era de Ipanema.

Nesta pesquisa, não tentei entender o não acontecido, mas sim o ocorrido. Isso, Nascimento e Menandro ajudam a explicar. Segundo eles, a função principal da memória é:

> Dar sentido ao presente de um grupo ou de um indivíduo, sentido esse que deve ser continuamente construído, uma vez que a memória não é estática, pois na base da sua formação encontra-se a negociação entre as lembranças do sujeito ou grupo e as dos outros grupos ou sujeitos (NASCIMENTO & MENANDRO, 2005, p. 8).

Esses dois autores ressaltam também a função da saudade e da nostalgia na formação da memória que, por sua vez, alimenta o saudosismo, não necessariamente um escapismo porque, na visão de ambos, "permite ao sujeito saudoso via de comparação entre passado e presente e, consequentemente, na forma como essa comparação abre perspectivas para, num possível futuro, avaliar qualitativamente a sua própria história" (NASCIMENTO & MENANDRO, 2005, p.15). Para eles, a veracidade do fato não é pressuposto para o saudosismo que é matéria prima do memorialismo.

Não seriam as músicas sobre a Praça Onze um memorialismo musicado, geralmente em versos, para ser ouvido, cantado e dançado, em vez de lido? Do memorialismo guardam as descrições de lugares, costumes, personagens e acontecimentos de um cotidiano idealizado, mas com base em fatos e personagens concretos. Afinal, a "balança onde os malandros iam pesar", do samba "Tempos Idos", existiu e seu piso de madeira ajudava a repercutir o sapateado do samba (RIBEI-RO, 2008). Houve, e há, muitas mulheres que dão ao companheiro "casa, comida, dinheiro e roupa lavada" e toda criança já perdeu uma festa porque "bobinha" acabou "dormindo na calçada". E quem não conheceu (ou sonha conhecer) um moreno (ou morena) cor de bronze, cuja voz tem "a meiguice própria de um brasileiro"?

O samba da Praça Onze faz parte de um gênero textual que tem o ritmo e a melodia para ajudar a fixá-lo na memória e o dom de unir pessoas muito mais que um texto lido, seja prosa ou verso. Sobre a facilidade de a música conduzir melhor o texto, José Miguel Wisnik fala que:

> A música não é um suporte de verdades a serem ditas pela letra, como uma tela passiva onde se projetasse uma imagem figurativa; talvez seja mais frequente, até, o caso contrário, onde a letra aparece como um veículo que carrega a música (WISNIK apud TREECE, 2003, p. 338).

Vindo por outro caminho, o filósofo e compositor Francisco Bosco chega junto a Wisnik. No artigo "Letra de Música É Poesia?" (2006), afirma que "o poema está só; a letra está sempre acompanhada de seus pares da canção (melodia, harmonia, canto, interpretação etc.)" (BOSCO, 2006, p.61). Ele lembra que, mesmo quando uma letra recebe música *a posteriori*, "leva-se em conta o fato de que o suporte daquilo será o som e não a página, que é o suporte da poesia escrita" (BOSCO, 2006, p.58). Cita as canções de Dorival Caymmi para contradizer a ideia de Treece (2003), de que a letra de música é, necessariamente, mais simples que o poema e conclui:

A singularidade de nossa canção popular é a ocupação de um amplo espaço da cultura onde experiências estéticas altamente inventivas e radicais encontram uma repercussão, uma pregnância social incomparavelmente maior do que as produções da dita alta cultura (BOSCO, 2006, p. 59).

Realmente, alguns clássicos, como o samba "Praça Onze" (Herivelton Martins e Grande Otelo, 1941) e o "Rancho da Praça Onze" (João Roberto Kelly e Chico Anysio, 1965), são imediatamente reconhecidos e, se não cantados, ao menos cantarolados já nos primeiros acordes ou compassos. Foram músicas compostas, interpretadas e produzidas com esse objetivo (contagiarem o ouvinte aos primeiros acordes) e, como tal, indo até Marcuschi, cumpriram seu papel de gênero textual, por atenderem às "funções comunicativas, cognitivas e institucionais" (MARCUSCHI, 2010, p. 20) para as quais foram criadas. Embora haja livros de grande alcance popular e, nas décadas recentes, feiras e bienais de livros tenham se tornado corriqueiras pelo Brasil afora, popularizando os escritores (alguns levam multidões a ouvi-los), não se tem notícia, no Brasil, de seus textos serem recitados por multidões, como ocorre quando se tocam alguns dos clássicos citados, lançados há mais de meio século.

Os sambas da Praça Onze, surgidos há mais de um século, não deram, até agora, sinais de saturação, de que não cumprem mais seu objetivo, como Marcuschi (2010) afirma ser possível acontecer. Alguns deles são clássicos até hoje e o bairro ainda é tema de outros sambas até esta década. O motivo, embora não exista, está ligado tanto ao trabalho do Estado Novo – e dos governos seguintes, democráticos ou não – em promovê-lo quanto ao empenho de quem o produz em mantê-lo vivo. Rachel Sohiet explicita essa dualidade:

Dessa coincidência de interesses, resulta o predomínio popular do Carnaval, tornando-se o samba a sua música característica. Os negros tiveram papel preponderante na construção dessa cultura, que passou, posteriormente, a caracterizar toda a sociedade (1998, p. 122).

Desde a Era Vargas (1930-1954) foi a forma de os pretos e pobres terem acesso à cidadania pois, embora já egressos da escravidão, ainda eram vítimas de preconceito da sociedade que se achava branca e culta e tinha por eles repulsa e fascínio (SILVA, 2015). Para responder ao desafio daquela época e de hoje para pretos e pobres, o samba muda, adapta-se e apropria-se de inovações tecnológicas ou estilísticas, como foi visto na análise das músicas. O compositor Ismael Silva, a quem se atribui a criação das escolas de samba, é assertivo quando explica essa estratégia surgida na Pequena África:

> Convivi com esta cultura. Cultivei e fui cultivado por ela. Sou sambista, um dos bambas do Estácio. Sou negro e como negro devo achar meu caminho na vida. A libertação muito recente não modificou em nada nossa situação. Somos postos de lado nas escolas, nos serviços a identidade que nos envolve é penosa e devemos lutar para preservá-la (...) Alguns dizem que o samba se modifica, se adapta ao mundo social por isso. E podia ser diferente? Samba não é folclore, tem de se modificar. É a parte viva da nação. O sambista interage, anda nas brechas do permitido e vai se afirmando, se aprimorando... (SILVA *apud* RIBEIRO, 2008, p. 87).

Essa declaração está na tese de doutorado da historiadora Paula Ribeiro, *Cultura, Memória e Vida Urbana*. Paula é especialista em Rio de Janeiro na Primeira República (1889-1930) e diz ter encontrado a fala no portal português Vidas Lusófonas, em 2008. No entanto, dez anos depois, não a encontrei no local. Optei por mantê-la por fazer parte de sua pesquisa e porque biógrafos de Ismael Silva sempre confirmaram sua militância pela valorização do samba e da cultura dos negros.

Ressalte-se, para finalizar essa curta seção, que a atitude de Ismael Silva era regra e não exceção entre sambistas, tanto no empenho em manter sua tradição cultural (adaptando-a ao momento presente) quanto em ver em sua música a forma de ocupar as "brechas do permitido" (SILVA, s/d). Em outros bairros, outros grupos também lutaram e lutam por sua cultura nessas brechas, como fizeram Carlos Cachaça e dona Neuma (Neuma Gonçalves da Silva) e ainda faz a cantora Alcione na Mangueira; como fizeram Paulo da Portela (Paulo Benjamim de Oliveira, fundador da Escola de Samba Portela) e Silas de Oliveira, em Madureira, e ainda fazem as Velhas Guardas das escolas de samba e artistas independentes, como Paulinho da Viola, Zeca Pagodinho, Clara Sandroni, Hermínio Bello de Carvalho, músicos e produtores fonográficos e Paulão 7 Cordas e Luís Filipe de Lima, para citar só alguns dos mais conhecidos. Escritores como Marília Trindade Barboza, biógrafa de sambistas, levantam esses dados há pelo menos quatro décadas e outros estudiosos seguem a trilha.

É preciso frisar também que nessa pesquisa só se tratou da Praça Onze e do Rio de Janeiro, mas esse movimento existe em todo o Brasil: em grandes centros como São Paulo e Belém do Pará; médios, como Juiz de Fora; ou pequenos, como Ouro Preto. Em todas essas cidades – e em outras não citadas aqui – há grupos que produzem samba e pesquisam sua história. O presente trabalho só mostra a ponta de um *iceberg* do bem que não afunda o Titanic. Ao contrário, o conduz a bom porto.

# 4. Encerrar pra continuar

> Há muito tempo eu escuto este papo furado
> Dizendo que o samba acabou
> Só se foi quando o dia clareou
> (Paulinho da Viola, "Eu Canto Samba", 1987)

Numa pesquisa, há um roteiro, com o objetivo geral ao qual se pretende chegar, e objetivos específicos, vias e veículos para trilhar o trajeto desejado. Aqui, busquei entender como músicas sobre um bairro inexistente, a Praça Onze, ajudaram a criar a identidade brasileira e tornar o local um lugar de memória. Os instrumentos foram a análise lítero-musical de catorze canções e o levantamento das condições em que foram compostas, interpretadas e lançadas. Parti da premissa de que esse repertório, criado ao longo do século XX, fez a crônica desse período em que Brasil sofreu profundas mudanças, sempre comentadas por esses e outros artistas. Levei em conta que músicas são discursos e gênero textual porque as canções são feitas e registradas para comentar o momento em que são lançadas e emocionar o público a ponto de se tornarem inesquecíveis. Procurei ainda identificar que recursos foram empregados por esses artistas para atingir e encantar o público, deixando claro ser a música um trabalho coletivo, portanto os bons resultados devem ser atribuídos a todos os envolvidos.

Essas metas foram atingidas graças aos autores que trataram do assunto antes e aos profissionais que contribuíram para esclarecer pontos que ficariam obscuros ao leigo em música e literatura. Os insucessos devem ser creditados às dificuldades desta autora para nadar em mares tão atraentes quanto revoltos e repletos de sereias e mistérios. Neste trabalho, aprendi mais sobre a função da música e da pesquisa sobre o assunto. Uma dica veio da professora Clara Sandroni, titular de Canto Popular na Universidade Federal do Estado do Rio de Janeiro (UniRio). Segundo ela, seus alunos chegam à graduação sem conhecer o repertório aqui estudado, pois vêm com a informação que recebem da família, dos meios de comunicação e de seus grupos de interesse (amigos, escola etc.).

Para Sandroni, cabe à escola (do Ensino Básico à Universidade) mostrar a esses jovens outras possibilidades, outras formas de se expressar musicalmente, outros gêneros, outros tipos de discursos. São caminhos novos para esse público que já aprecia outros gêneros musicais, não porque caíram no esquecimento, mas por terem sido substituídos, no universo deles, por músicas, cantores, discursos mais recentes (SANDRONI, 2019). Não se trata de comparar gêneros ou épocas para determinar se um é melhor que o outro, mas a ideia é evidenciar a diversidade musical.

Além disso, mostrei que o samba, popular e fácil de apreciar, é feito por compositores, cantores, instrumentistas, produtores fonográficos e empresários, como Frederico Figner, que apostou na possiblidade de sucesso da música ritual das festas de um bairro pobre de imigrantes, a Praça Onze. Música de longa tradição passada pelas gerações e aprimorada na performance e na adaptação a novas tecnologias. Só assim se explica ter atravessado um século, pulsante como adolescente e atraindo jovens dedicados a fazer samba, aprender com os mais velhos e experientes e reverenciá-los. Quem frequenta rodas e escolas de samba, vê a referência da nova geração com os baluartes e as Velhas Guardas. Porque, como ensinou Paulão 7 Cordas (2019), para fazer samba, é preciso ter uma referência grande do estilo dos pioneiros, conhecer o fraseado (melódico e poético) para explorar a sonoridade de cada nota e de cada vocábulo e caprichar neles, porque esse é o jeito de fazer samba. E não inventar muito porque essa música "é simples, mas é boa pra chuchu" (PAULÃO, 2019 p. 195).

Por isso, não tive a pretensão de dar voz a esses artistas, pois Cartola, Zé Kéti, Aluísio Machado ou João da Baiana; Aurora Miranda, Dalva de Oliveira ou Cristina Buarque não precisam da Academia para serem ouvidos. A ideia foi aprender o caminho das pedras, a forma de fazer música, mandar um recado e ser ouvido por muitas gerações. Aprender que recursos poéticos, sonoros, rítmicos e interpretativos foram usados para criar obras perenes como os sambas "Praça Onze" ou "Bumbum Paticumbum". Entender como Pixinguinha, Severino Araújo, Dino 7 Cordas e outros "vestiram" canções de um modo que não as imaginamos de outra maneira. Aprender como cantores valorizam notas e palavras, cada um com seu estilo, derramando ou contendo emoções (como Dalva de Oliveira, em "Rancho da Praça Onze" e "Bom Dia, Avenida"), aguçando nossa nostalgia do que não vivemos (como Zé Kéti em "Praça Onze Berço do Samba" e Cartola em "Tempos Idos"), falando sério (como Moreira da Silva em "Voz do Morro") ou protestando com amor e ironia, como fazem João da Baiana (em "Batuque na Cozinha" e "Cabide de Molambo") e Clementina de Jesus (em "Quando a Polícia Chegar").

Se esta pesquisa apontar caminhos diversos para novos estudiosos, para novos letristas, compositores, instrumentistas e cantores, terá atingido plenamente seus objetivos. Pessoalmente, esta autora apreciava esses músicos e essas canções. Destrinchar seu processo criativo numa análise lítero-musical só fez aumentar esse apreço e a admiração. Se esse sentimento passar para quem ler a pesquisa, o objetivo terá sido ultrapassado. O que se aprendeu aqui é que a música brasileira é autêntica porque amalgama diversidades (como ficou evidente em "Moreno Cor de Bronze"), é um discurso eficiente porque brinca com a adversidade (como "Cabide de Molambo" e "Quando a Polícia Chegar") e é permanente porque muda, abre-se a novidades, absorve e as devolve ainda mais brasileiras e populares (como o arranjo operístico do "Rancho da Praça Onze"). Mas essa conclusão não é minha. O modernista Oswald de Andrade já formulou a antropofagia cultural há quase um século e vale até hoje.

5. "Com que roupa" fui à Praça Onze

Oficialmente, o samba tem mais de um século. Apesar disso, poucos estudos literários sobre essa área são encontrados. Sambistas pioneiros e letristas da Bossa Nova já foram contemplados com trabalhos acadêmicos na área de Literatura brasileira, mas os músicos (compositores, cantores e instrumentistas) e os sambas a partir dos anos 1930 raramente receberam atenção, como se houvesse um hiato ou mesmo um abandono do gênero. Em consulta realizada no site da Coordenação de Aperfeiçoamento de Pessoal de Nível Superior (Capes), em 2019, quando comecei esta pesquisa, sobre a ocorrência das palavras "letra" e "samba", encontrei vinte trabalhos, mas nem a metade cobre o período citado e, desses, quatro abordam um gênero específico, o samba-enredo.

Com algumas exceções, como o músico e professor de Linguística Luiz Tatit, os trabalhos analisam só a letra dos sambas. No entanto, a música, em geral, e a brasileira, em particular, deve ser estudada como um todo. Sobretudo no período em questão, letra e música eram criadas juntas e os arranjos e a interpretação evidenciavam ambas. Por isso, abordei as canções de ponto de vista literário e musical, com recurso a especialistas de ambas as áreas. Se há poucos estudos acadêmicos, há profissionais – instrumentistas, produtores fonográficos e cantores – que trabalham com memória da música brasileira, pesquisando e regravando hoje as canções criadas há um século, respeitando o arranjo e a interpretação que tiveram à época de sua criação. Há também pesquisadores independentes, com trabalhos fundamentais, como Sérgio Cabral, Jairo Severiano e Ary Vasconcellos. Em Juiz de Fora, destacam-se Márcio Gomes, Yuri Soares e o grupo do Ponto do Samba, que buscam a produção musical da cidade. Sem eles, faltariam dados imprescindíveis a esta pesquisa.

Como se viu, esta pesquisa tem duas partes. Uma visou à obra (letra, música e interpretação) do compositor e ritmista João da Baiana (João Machado Guedes), nascido e criado no bairro, enfocando o contexto de sua vida e de seu trabalho como cantor e compositor que faz a crônica social da população. As canções analisadas são as mais conhecidas da obra de João da Baiana: "Batuque na cozinha", "Cabide de Molambo" e "Quando a Polícia Chegar". Essa última, datada de 1915, é também encontrada com os títulos de "Quando a Polícia Vier" e "Quando a Polícia Souber" (aqui foi adotado o título da gravação usada na pesquisa). A outra vertente abordou canções de diversos compositores sobre a Praça Onze, bairro de imigrantes pobres que provocava fascínio e repulsa na sociedade bem estabelecida. Foram onze músicas lançadas entre 1930 ("Na Praça Onze") e 1982 (o samba-enredo "Bumbum Paticumbum Prugurundum"). Embora o objetivo seja sempre a análise lítero-musical, falei também dos contextos de criação e lançamento dessas músicas.

Esse recorte temporal não foi aleatório. A Revolução de 1930 pôs fim à Primeira República no Brasil, num projeto de modernização do país, e foi marcada também pela popularização de novas tecnologias (rádio e discos) que permitiram divulgar em massa a música até então restrita a teatros, clubes e residências. Já em 1982, consolidava-se a democracia (com as eleições gerais, menos para presidente da República, no fim do ano), as grandes gravadoras perderam a hegemonia da produção e distribuição fonográfica, com a proliferação da produção independente e de emissoras de rádio FM especializadas em música brasileira. Esse recorte não encerra o tema, mas evidencia como a música popular brasileira, em geral, e o samba, em particular, se tornaram peças importantes na nossa memória e na identidade por comentarem a vida brasileira.

Conhecido o *corpus* e os recortes deste trabalho, esclareço minha relação com o tema, seguindo o conselho do escritor Edward Said, em seu livro *Orientalismo: O Oriente Como Invenção do Ocidente* (1996):

> Qualquer pessoa que escreva sobre o Oriente deve localizar-se com relação ao Oriente; traduzida para seu texto, essa localização inclui o tipo de voz narrativa que ela adota, o tipo de estrutura que constrói, os tipos de imagens, temas, motivos que circulam no seu texto – tudo isso resumindo-se a modos deliberados de dirigir-se ao leitor, de dominar o Oriente e, finalmente, de representá-lo ou de falar no seu lugar. Nada disso acontece no abstrato, todavia. Todo aquele que escreve sobre o Oriente presume algum antecedente oriental, ao qual ele se refere e no qual se baseia (1996, p. 31-32).

O leitor visado por este trabalho segue premissas do historiador de arte Eric H. Gombrich (1950) e do humorista Chico Anysio (1993). Do primeiro, no prefácio à primeira edição do livro *A História da Arte*:

Ao escrevê-lo, pensei em primeiro lugar nos adolescentes que acabaram de descobrir por si mesmos o mundo da arte. Mas nunca acreditei que os livros para jovens devam ser diferentes daqueles destinados a adultos, salvo pelo fato de terem que enfrentar a mais exigente classe de críticos – críticos que rapidamente desmascaram e se indignam com qualquer indício de jargão pretencioso ou sentimentalismo espúrio (1950, p. 7).

Já Chico Anysio costumava dizer que o texto humorístico "é bom quando sua empregada acha graça e o intelectual aprova" (1993). Acredito que o texto acadêmico também deve ser claro, para que o leigo aprecie, e tão denso teórica e metodologicamente, que o especialista se sinta informado, concordando ou não com os enunciados e conclusões. A opção de uma linguagem mais próxima do cotidiano foi um risco calculado para atender aos leitores acadêmicos e às pessoas que contribuíram para a realização desta pesquisa, dando informações sobre músicas, músicos e compositores ou encontrando os fonogramas das canções analisadas. São pesquisadores de música popular brasileira que trabalham fora do meio acadêmico e trazem informações fundamentais para que sua história seja conhecida.

Uma segunda questão é a forma de referenciar as músicas analisadas. Normalmente, atribui-se uma música apenas aos autores e data-se com o ano de seu lançamento ou registro. Aqui, a análise do fonograma foi global: melodia, a letra, a interpretação e o arranjo, pois considero a música gravada uma criação coletiva em que uma pessoa compõe, outra canta, uma terceira faz os arranjos e uma quarta faz a produção fonográfica. Não encontrei, nas normas da Associação Brasileira de Normas Técnicas (ABNT), como referenciar tal trabalho coletivo. Por isso, usei a letra da música como citação e seu título, como referência, incluindo as informações disponíveis sobre a versão fonográfica que a lançou.

Um exemplo é o "Rancho da Praça Onze", composto no fim dos anos 1950 com uma letra e que recebeu outra em 1965, quando foi gravado por uma cantora com características e estilo completamente diferentes da primeira, ganhando um novo arranjo em função dessa cantora. A música apareceu como foi lançada em disco, os autores da melodia e da letra analisadas, a cantora, o arranjador e o produtor fonográfico, (quando identificados), a gravadora que lançou o disco, a cidade, o ano de lançamento e onde aquela versão foi encontrada na internet. Por isso, as músicas entrarão em separado das demais referências, com seus títulos, em ordem alfabética, e não pelo nome de seus autores/compositores.

Por fim, foi necessário decidir como transcrever a interpretação das canções, quando isso se fez necessário. Profissionais da música alertam para a dificuldade de se escrever ou transcrever a forma de interpretar música popular brasileira. No filme *Erlon Chaves, o Maestro Veneno* (2018), Roberto Menescal, violonista, compositor e produtor fonográfico, um dos fundadores da Bossa Nova, alega não haver uma escrita musical correspondente, em cifra ou em pentagrama. Ele informa que, quando o andamento é tipicamente brasileiro, escreve-se na partitura "com suingue", "com veneno" ou "com bossa" (MENESCAL *apud* GAMO, 2018).

A escrita fonética, apropriada para se reproduzir a linguagem falada, não atendia a essa análise, pois músicas cantadas obedecem a uma melodia e a um ritmo que podem ser modificados pelos intérpretes. São procedimentos com nomes específicos, explicados à medida que apareceram. Na maior parte das canções, cada sílaba corresponde a uma nota ou a uma célula rítmica, que é cada tempo ou divisão de tempo dentro de um compasso, marcando o ritmo da música. Ressalte-se que o ritmo é diferente do andamento, ou seja, a velocidade com que a música é interpretada. Um exemplo é "A Little Help From My Friends", que é um roquinho alegre com os Beatles e um blues lento com Joe Cocker, sem alterar o ritmo, só o andamento. Além desses recursos, o intérprete pode alongar ou encurtar essa sílaba/nota ou ainda cantar a mesma sílaba em mais de uma nota ou célula rítmica, alongando o tempo daquela sílaba.

Um exemplo é o refrão de "Alegria, Alegria", na interpretação de Caetano Veloso. A música é uma marcha-rancho com compasso binário, ou seja, cada compasso tem dois tempos, um fraco e um forte. Durante toda a canção, o tempo forte de cada compasso corresponde a uma sílaba tônica. A não ser no refrão, "Eu vou / por que não? Por que não? Por que não? Por que não? Por que não?" em que o "não" é alongado por duas células rítmicas nas primeiras vezes e em três, na última. Então, Caetano Veloso canta "Eu vou / Por que [nãão]? Por que [nãão]? Por que [nãão]? Por que [nããão]?" Se essa grafia não fonética é pouco usual em trabalhos acadêmicos, busquei essa solução na frase final do conto "Meu Tio o Iauaretê" (1969), em que Guimarães Rosa fez o inverso: escreveu a fala que depois foi interpretada por diversos atores, seguindo com exatidão o texto roseano, embora com interpretações variadas. Um exemplo é a interpretação do ator Lima Duarte, para o programa Palco Sonoro, em 2017.

Esse recurso expressivo de estender a duração da sílaba por mais de uma nota ou célula rítmica é muito usado por sambistas como Cartola e Zé Kéti, mas nem sempre com uma divisão tão clara quanto no citado clássico de Caetano Veloso. Por isso, a transcrição tentou repetir o número de sílabas (ou de notas e de células rítmicas) em que a palavra é cantada. Por exemplo, na canção "Tempo Idos", Cartola alonga algumas sílabas em duas ou três notas ou células rítmicas. Os versos finais de "Tempos Idos" são "já não pertence mais à praça / já não é samba de terreiro / vitorioso ele partiu para o estrangeiro". Na interpretação de Cartola, fica desta forma: "[jáá] não pertence mais à [praaça], já não é samba de [terreeeiro], vitorioso, ele [partiiiu] para o estrangeiro". Zé Kéti faz o mesmo ao interpretar o último verso de "Praça Onze, Berço do Samba", alongando a antepenúltima e a última sílaba: "eu acabava dormindo na [caalçadaaa]". Fugi ao padrão acadêmico habitual em respeito aos artistas da nossa música.

Neste trabalho quis mostrar os caminhos escolhidos por compositores, arranjadores ou cantores para dar seu recado, sem buscar os sentidos ou intenções do compositor, do arranjador ou do cantor. Além de contar uma história pitoresca, abordada de um ângulo pouco habitual, quis mostrar, a quem pretende a aventura de fazer e/ou apreciar música brasileira, os caminhos percorridos por alguns mestres que nos ajudam a entender quem somos. Minha inspiração, nesse caso, foi o escritor Umberto Eco, em *Confissões de um Jovem Romancista* (2011). Depois de questionar a classificação entre escrita criativa (que seriam ficção e poesia) e a não criativa (ensaios e trabalhos técnicos e/ou acadêmicos), comparando o filósofo Platão (que não seria criativo) e o escritor Homero (que seria criativo), Eco conta que, a partir de sua tese de doutoramento, sobre a estética de Santo Tomás de Aquino, passou a tratar suas pesquisas "como se fosse um romance policial" (2011, p. 10-11). E recomenda: "Todo livro científico deve ser uma espécie de história de detetive – o relato da busca por um Santo Graal" (2011, p. 11). Sem pretensão de igualar-se a Eco, é o que se tentou.

5.1. Quem ajudou a contar esta história?

Os caminhos para pesquisar música popular brasileira são tão amplos quanto sua diversidade. Por isso, escolhi marcos temporais do tema, métodos e teorias. Com algumas exceções, são autores e teorias datados da segunda metade do século passado, pois a música popular, até os anos 1960, vivia num limbo acadêmico. O antropólogo e linguista colombiano Alejandro Ulloa Sanmiguel (1991) defende que, até então, "a etnomusicologia se ocupou do folclore camponês e a musicologia, da música erudita. Ambas deram as costas para a música popular que é urbana em toda a América Latina" (SANMIGUEL, 1991, p. 52). Segundo ele, nessa mesma época, a sociologia pouco se ocupou da indústria cultural, "vista como banal produto de consumo" (SANMIGUEL, 1991, p. 53). No Brasil, os modernistas iniciais, Mário de Andrade à frente, desprezaram essa manifestação artística, que consideravam descaracterizada pela indústria cultural, sem a qualidade da música erudita ou a pureza da música folclórica (TATIT, 2008; VIANNA, 1995). Os primeiros trabalhos acadêmicos só começaram a surgir na segunda metade do século XX.

Em resumo, neste trabalho me propus apontar os caminhos pelos quais as músicas criadas em torno da Praça Onze contribuíram para criar uma identidade nacional planejada pelo Estado e fizeram do bairro, demolido em 1942, o *locus* de um passado melhor do que o presente (nostalgia). Então busquei identificar que qualidades e características dessas músicas contribuíram para que isso acontecesse, ao longo de pouco mais de meio século (entre 1930 e 1982), sabendo-se, de antemão, que essas canções comentavam a vida das populações que as produziam e delas usufruíam (TATIT, 2008).

5.1.1. Os autores e suas teorias

O leitor pode se surpreender com a possibilidade de a teoria ser tão divertida quanto a realidade (Hermano Vianna em *O Mistério do Samba*, 1995, p.13).

Esta pesquisa tem três pilares: as músicas, o contexto no qual foram criadas e o processo de formação de memória e identidade de uma população. O assunto não se esgotou, evidentemente, nem foram respondidas todas as questões pertinentes porque o samba e o Carnaval, embora tenham se formatado e se tornado famosos na Praça Onze (como se viu), não eram exclusivos daquele bairro. No Rio de Janeiro, então Capital Federal, em outros bairros centrais (como Estácio ou Mangueira), ou distantes como Madureira, também se fazia samba e a produção era (e ainda é) farta.

Primeiro, foi preciso definir que músicas seriam estudadas, de que ponto de vista, com que método e sob a luz de qual teoria. No site Musica Brasiliensis, de Daniella Thompson, foram encontradas cinquenta canções sobre a Praça Onze, das quais foram selecionados dez sambas e uma marcha-rancho, essa por ter sido um clássico instantâneo, em 1965, e ter inaugurado a nostalgia em torno do bairro (o "Rancho da Praça Onze", do qual já falamos). Escolhi as gravações originais, com o arranjo e o cantor que as lançou, porque algumas delas têm hoje dezenas de versões. A maioria dos fonogramas foi encontrada no YouTube e suas letras foram transcritas dessa gravação.

De início, decidi pela análise lítero-musical, que levou em conta letra, melodia, interpretação e o arranjo de cada canção, porque esses elementos formam um amálgama, cuja característica é ser, segundo o *Dicionário da Língua Portuguesa* "o resultado da fusão de dois ou mais grupos, ser sempre diferente de seus elementos anteriores e produzir sempre algo de novo" (PORTO EDITORA, 2003/2018). Ainda, segundo o mesmo verbete, o Brasil é identificado como perfeito exemplo de amálgama:

> O que caracteriza a amálgama é o facto de o resultado da fusão de dois ou mais grupos ser sempre diferente de seus elementos anteriores e produzir sempre algo de novo, podendo traduzir-se pela equação A + B + C = W. Amálgama não é o mesmo que assimilação (A + B + C = A) (...) O processo de amálgama difere também do processo de integração (A + B + C = ABC) (...) Os casos mais significativos de amálgama podem ser encontrados, por exemplo, no Brasil, que é uma amálgama resultante de europeus, africanos e índios autóctones, enquanto que o México é basicamente resultado de espanhóis e índios locais (PORTO EDITORA, 2003/2018).

A procura de trabalhos acadêmicos encontrei a tese *A Produção do Discurso Lítero-musical Brasileiro*, de Nelson Barros da Costa, defendida no Programa de Pós Graduação em Linguística Aplicada e Estudos de Linguagem da Pontifícia Universidade Católica de São Paulo (PUC-SP). Sua pesquisa foca a produção musical a partir da Bossa Nova (anos 1960), conhecida como MPB. Para mim, essa sigla é controversa porque, embora signifique música popular brasileira, abarca só parte da música produzida à época. A sigla foi criada nos anos 1960 por jovens universitários e/ou da classe média que faziam samba, mas queriam diferenciar-se dos sambistas tradicionais, ditos "do morro" ou dos subúrbios cariocas, geralmente negros (COSTA, 2001). Assim, *grosso modo*,

Chico Buarque de Hollanda (Francisco Buarque de Hollanda) e Sidney Miller fariam MPB, mas Paulinho da Viola (Paulo César Batista de Faria) e Zé Kéti seriam sambistas.

Alguns desses músicos compunham outros gêneros musicais, mas eram agrupados na MPB para diferenciá-los dos compositores tradicionais desses gêneros, como Edu Lobo, autor do clássico "Cordão da Saideira", um frevo. No entanto, raramente se ligou ou se comparou Edu Lobo, então estudante de arquitetura radicado no Rio de Janeiro, a Capiba ou Claudionor Germano, compositores do frevo tradicional. Ressalto que poucos músicos se rotulavam MPB.

A tese me apresentou ao linguista francês Dominique Maingueneau, cujas teorias e métodos deram diretrizes também a este trabalho. A primeira diretriz foi confirmar a necessidade de se estudar o contexto em que a produção musical acontece:

> O interesse específico da análise do discurso é apreender o discurso enquanto articulação entre texto e lugares sociais. Consequentemente, seu objeto não é a organização textual nem a situação comunicativa, mas o que os articula através de um gênero de discurso (MAINGUENEAU, 2000, p. 3).

Seguindo Maingueneau, considero música um discurso e recorri a outras disciplinas para analisá-lo, pois "frequentemente, acontece de investigações que utilizam abordagens descritivas de um *corpus* não poderem ser enquadradas precisamente em uma disciplina. Isso não implica que essa disciplina não exista" (2000, p. 3).

O recurso a historiadores, sociólogos e antropólogos que pesquisam a história da Praça Onze e do samba foi essencial para evidenciar que a trajetória de nossa música popular não é um caso isolado, mas uma característica das Américas, como defende Sanmiguel (1991). Para focar na história do samba propriamente dito, recorri a Luiz Tatit que, nos três primeiros capítulos do livro *O Século da Canção* (2008), descreve como a música ritualística e improvisada em festas de ex-escravos e seus descendentes formatou-se e foi aproveitada pela indústria cultural, via gravação de discos e divulgação, em nível nacional, pelo rádio. Ambos, como se viu, inventados por volta de 1900, se popularizaram a partir dos anos 1930.

A tese *Palavra de Bamba: Estudo Léxico-discursivo de Pioneiros do Samba Urbano Carioca*, de Flávio Aguiar Barbosa, defendida no Programa de Pós-Graduação em Letras da Universidade Estadual do Rio de Janeiro, em 2009, também analisa esse período, relatando como uma música feita coletivamente passou a ter autoria e os reflexos dessa mudança na produção musical e na vida dos compositores. Não pretendi contar a história do samba, mas mostrar o contexto em que ele nasceu e evoluiu. Nesse sentido, recorri a Hermano Vianna que, em *O Mistério do Samba* (1995), defende que:

> A transformação do samba em música nacional não foi um acontecimento repentino, indo da repressão à louvação em menos de uma década, mas sim o coroamento de uma tradição secular de contatos (o encontro descrito acima é apenas um exemplo) entre vários grupos sociais na tentativa de inventar a identidade e a cultura popular brasileiras (VIANNA, 1995, p. 34).

O encontro citado por Vianna foi a "noitada de samba e cachaça", noticiada pela *Revista da Semana*, em 1926, envolvendo Gilberto Freyre, Sérgio Buarque de Holanda, Prudente de Moraes,

Pixinguinha, Donga e o cantor Patrício Teixeira. Segundo Vianna e outros autores, essas reuniões de intelectuais e políticos com sambistas, regadas a samba e cachaça, eram comuns nas primeiras décadas do século XX.

Embora haja bons títulos sobre a Praça Onze e seja inusual a autorreferência em trabalhos acadêmicos, tive que recorrer a meu livro *Negros e Judeus na Praça Onze: A História Que Não Ficou na Memória* (2015), que tenta entender como esses dois grupos se relacionavam, no bairro, no momento em que o samba se popularizava e se tornava símbolo nacional. Até 2009, ano da monografia *Negros e Judeus na Praça Onze*, o bairro era raro na historiografia do Rio de Janeiro ou do samba. Nos 15 anos seguintes, o número de títulos cresceu e muitos me citam como referência. Sem falsa modéstia, acredito que não caberia um *apud* de mim mesma. No entanto, foi preciso voltar a autores básicos naquela pesquisa, como Roberto Moura que, em *Tia Ciata e a Pequena África do Rio de Janeiro* (1995), levanta o cotidiano dos ex-escravos e seus descendentes no bairro. Voltei também à socióloga Mônica Velloso, no artigo "As Tias Baianas Tomam Conta do Pedaço - Espaço e Identidade Cultural no Rio de Janeiro" (1990), no qual aborda a questão feminina na Praça Onze. Velloso é importante para evidenciar que, embora não houvesse compositoras no período inicial do samba (Chiquinha Gonzaga era uma exceção), as mulheres tinham voz, como ocorre nos sambas "Moreno Cor de Bronze" e "Quando a Polícia Chegar". Foram compostos por homens, mas o sujeito poético é uma mulher que, contrariando a ideia vigente até hoje, manda no seu destino, como foi visto na análise dessas músicas.

Fechando a parte histórica, há o testemunho de Pixinguinha, Donga (Ernesto Joaquim Maria dos Santos) e João da Baiana, "a santíssima trindade do samba". Eles são pioneiros do samba, sendo que Donga e João da Baiana nasceram e moraram na Praça Onze até sua demolição, em 1942. Seus depoimentos ao MIS-RJ nos anos 1960 foram reunidos no livro *As Vozes Assombradas do Museu* (1970). Só cito aqui os autores que me deram as linhas mestras. Outros me deram referências esclarecedoras. Por exemplo, a arquiteta e historiadora Fânia Fridman (2007), em seu livro *Paisagem Estrangeira: Memórias de um Bairro Judeu no Rio de Janeiro*, informa a população e a composição demográfica da Praça Onze, dados fundamentais para completar esse texto. Como ela, outros autores apareceram no decorrer da pesquisa. No *Dicionário Cravo Albin da Música Popular Brasileira* encontrei informações precisas sobre os músicos citados: nome de batismo, dados biográficos, obra e parceiros etc.

Para a análise lítero-musical de cada canção, recorremos novamente a Maingueneau (2000) e seu conceito de discursos constituintes:

> Um estatuto singular: zonas de fala em meio a outras falas que pretendem preponderar sobre todas as outras. Discursos-limite, situados sobre um limite e lidando com o limite, eles devem gerar textualmente os paradoxos que implicam seu estatuto. Junto com eles vêm à tona, em toda sua acuidade, as questões relativas ao carisma, à Incarnação, à delegação do Absoluto: para não se autorizarem apenas por si mesmos, devem aparecer como ligados a uma fonte legitimante (2000, p. 6).

Não encontrei a palavra incarnação em dicionários brasileiros. No dicionário *Petit Larousse de Poche*, *incarnation* aparece como *action de s'incarner*. E *s'incarner* é dar forma material, ser a imagem viva, mas também encravar. Não tive acesso ao texto original em francês de Maingueneau, mas acredito que quer dizer vívido, legítimo.

Entre os autores citados, Costa (2001) é o único a aplicar esse conceito à música e o faz com tal clareza e eficiência que transferi seu método para a análise dos sambas da Praça Onze. Com isso, enquadrei as canções nas tipologias propostas por Maingueneau (2000): linguística (como se organiza a relação letra e música), funcional (como se apresenta a canção ao público, ou seja, o arranjo e a interpretação) e situacional (em que gênero, ou subgênero, no caso, se enquadra). Além disso, usei a divisão da música/discurso nas três categorias binárias: primeiros (ou fontes) e segundos; abertos e fechados e fundadores e não fundadores. A diferença entre os primeiros e segundos está na vulgarização dos conceitos que encerram. "Um artigo em uma revista científica seria 'primeira', mas não um manual ou uma revista destinada ao grande público" (MAINGUENEAU, 2000, p. 09).

Os discursos fechados são destinados aos pares dos autores ou, na linguagem do francês, aos potenciais produtores de enunciados semelhantes. Nos abertos, o destinatário é o leigo, sendo o jornal o exemplo citado. Nesta pesquisa, todas as canções são discursos abertos pois o público não tem como criá-las e/ou interpretá-las como seus autores. Os discursos fundadores são assim considerados posteriormente a sua criação. O exemplo é *A Interpretação dos Sonhos*, de Sigmund Freud, lançado como iniciador de uma teoria e considerado como tal até hoje. Maingueneau (2000) esclarece que essas tipologias e categorias não são exclusivas, se interpenetram. Digo eu, no caso dos sambas, isso se acentua pois a classificação é sempre posterior à produção. Ou seja, quem criou a música não pensou nelas.

Também entendi o samba como um gênero textual que "caracteriza-se muito mais por suas funções comunicativas, cognitivas e institucionais do que por suas particularidades linguísticas e estruturais... Assim como surge, pode desaparecer" (MARCUSCHI, 2010, p. 20). Segundo Marcuschi, novas tecnologias criam novos gêneros "por terem uma presença marcante e grande centralidade nas atividades comunicativas da realidade social que ajudam a criar" (2010, p. 21). Mas nenhum gênero é absolutamente novo. Geralmente tem uma forma inovadora e conteúdo híbrido e maleável para atender às funções que propiciaram seu surgimento, acrescenta o autor, recorrendo a Bakhtin.

Além disso, "os gêneros não são entidades naturais como as borboletas, as pedras, os rios e as estrelas, mas são artefatos culturais construídos historicamente pelo ser humano" (MARCUSCHI, 2010, p. 31). Para finalizar, esse autor adverte ainda que "há alguns gêneros que só são recebidos na forma oral, apesar de terem sido produzidos originalmente na forma escrita, como o caso das notícias de televisão ou rádio" (MARCUSCHI, 2010, p 35). Acrescento a música, sempre produzida para ser ouvida, mesmo que tenha texto, como é o caso das canções e de gêneros mais recentes, como rap, funk etc.

Embora Marcuschi não se refira à música, adaptei suas premissas porque o samba modificou-se com o advento do rádio e do disco (novas tecnologias), é um híbrido e seus autores, compositores e intérpretes não produziam espontânea ou intuitivamente, tinham um objetivo (dar seu recado e/ou viver de sua música). E, mesmo no período pré-gravação e pré-rádio, as canções eram elaboradas previamente para serem ouvidas. Até no samba de roda, em que versejadores improvisavam, havia um preparo anterior, como ficou claro no caso de João da Baiana.

Outro recurso foi o método de categorização anunciado pela pesquisadora Sylvia Helena Cyntrão, no artigo "O Lugar da Poesia Brasileira Contemporânea: Um Mapa da Produção" (2008), em que ela mapeia a produção poética brasileira ao longo de dez anos:

Quem é o escritor de poesia? Sobre o que escreve, quais são seus temas? Qual verso usa? Que tipo de linguagem (tropos) utiliza? Qual o universo semântico de seu léxico? Quais são os gêneros com que dialoga? Qual a relação com o universo da prosa? Os textos poéticos tentam falar por si ou falam por um determinado grupo social. Eis algumas perguntas que devem ser feitas ao texto de poesia contemporânea (2008, p. 84).

Sylvia Cyntrão trata de poemas publicados em livros, mas dá o caminho para se falar das canções e foi proveitoso fazê-la dialogar com Maingueneau (2000) e com Marcuschi (2010).

Melodia, interpretação e arranjos foram vistos por dois especialistas, Paulão 7 Cordas, maestro e produtor fonográfico especializado em choro e samba, e a cantora e Prof. Dra. Clara Sandroni, que leciona Canto Popular na UniRio. Ambos apontaram os recursos interpretativos (arranjo e canto) de cada música, indicando haver uma sintaxe musical, em que determinadas formas de tocar e de cantar propõem um sentido, um sentimento ao ouvinte. Suas entrevistas vêm, na íntegra, como anexo deste texto.

Paulão 7 Cordas, com base em sua experiência de instrumentista, arranjador e produtor, é sucinto: "Se você inventar demais para tocar essas músicas, fica ruim. A linguagem proposta por eles é todo um contexto da época, é tudo ligado" (2019, p .185). Quase uma paráfrase de Maingueneau (2000). Clara Sandroni não usa o termo sintaxe para falar de música, mas concorda:

Pode ser consciente ou não, mas cada elemento interpretativo musical está relacionado a sentimentos que, sem dúvida alguma, têm relação com o que aquela sociedade entende daquele sentimento. Um músico pode fazer o que ele achava que tinha que fazer ali porque era o que todo mundo fazia, mas de alguma maneira ele está reproduzindo este discurso (2019, p. 195).

Dessa forma, Paulão 7 Cordas explicou por que em determinada canção se opta por uma orquestra com cordas e/ou metais, em outra por um regional ou por dar destaque a vozes, como na música "Cansado de Sambar". Também chamou atenção para detalhes de interpretação e arranjos, como o reforço do tamborim no samba "Praça Onze", quando o instrumento é citado na letra. Clara Sandroni contribuiu com sua experiência de cantora desde os anos 1980 e com a teoria acadêmica para falar de interpretação e da relação voz/arranjos. Ambos usaram termos específicos da teoria musical (rubato, portamento, vibrato etc.) que foram explicados quando surgiram. Ressalto que, com frequência, destrinchar uma canção em categorias estanques soa artificial. Afinal, cada canção é um amálgama, sua decomposição para analisá-la quebra uma unidade maior que a simples soma de cada parte.

Explico também por que não busquei o sentido das letras ou a intenção dos autores. Primeiro porque, sem ouvir o compositor, é leviano atribuir-lhe uma intenção ao produzir sua obra. Em segundo lugar, ainda que se conheça essa intenção, o sentido que se dá a uma canção nem sempre é aquele previsto ou desejado pelo autor/compositor, cabe a cada ouvinte, individualmente, entender o que aquela música (ou qualquer outra obra de arte) lhe diz. Aqui volta Umberto Eco que aconselha aos escritores (e estendo aos compositores e intérpretes de canções) jamais explicar sua obra porque:

Quando um texto não é produzido para um único destinatário, mas para uma comunidade de leitores, o autor sabe que não será interpretado de acordo com suas intenções, mas em função de uma complexa estratégia de interações, que envolve também os leitores, além de sua competência na respectiva língua como tesouro social (2018, p. 32).

Nas canções, é exemplar o caso da balada "Every Breath You Take", de Sting (Gordon Matthew Thomas Summer), lançada no LP *Sincronicity*, do grupo The Police, em 1982. O público a elegeu um clássico da canção romântica, enquanto o compositor a considera contida e amarga, denunciando uma relação possessiva. Por isso, busquei os caminhos expressivos, as figuras de linguagem, os recursos de canto e de instrumentação usados. A exceção foram expressões em desuso, como "paraíba do Norte, Maranhão", do verso final de "Batuque na Cozinha". Paraíba é como os cariocas chamam os nordestinos e, à época da música, não se usava Nordeste para identificar essa região.

O terceiro pilar deste trabalho partiu do francês Maurice Halbwachs, para identificar como o samba contribuiu nos processos de formação de identidade e criação de memória e nostalgia em relação à Praça Onze. Em *A Memória Coletiva* (1990), ele aborda a formação da memória individual e da coletiva (ou social) e como uma influencia a outra. Seu discípulo, Michel Pollak, no artigo "Memória e Identidade Social" (1992), introduz o conceito de enquadramento da memória. Ambos trabalham com fatos europeus (Primeira e Segunda Guerras Mundiais) e usei quatro autores para aproximá-los dos sambas da Praça Onze.

O artigo "Memória e Saudade: Especificidades e Possibilidades de Articulação na Análise Psicossocial de Recordações" (2005), dos psicólogos Adriano Nascimento e Paulo Roberto Menandro, destrincha o papel de memória e saudade (ou nostalgia) no processo de formação de identidade coletiva, enquanto a historiadora Paula Ribeiro, dedicada à história do Centro do Rio de Janeiro contribuiu com a tese *Cultura, Memória e Vida Urbana: Judeus na Praça Onze, no Rio de Janeiro (1920-1980)*, apresentada no Programa de História Social da Pontifícia Universidade Católica de São Paulo (PUC-SP), em 2008. A historiadora Rachel Sohiet fecha a relação com seus estudos sobre a cultura popular há um século. Ela defende que os sambistas lutaram para que sua música se tornasse símbolo nacional. Recorri ainda a testemunhos dos próprios sambistas, como Ismael Silva, para confirmar essa versão.

Ao tratar letra de samba como literatura e canção como gênero textual e discurso, rechacei a ideia recorrente no meio acadêmico de que os sambistas são incultos, intuitivos, autodidatas e que sua arte se tornou popular, apesar de prescindir da qualidade da arte erudita. Deles discordava o maestro Lorin Maazel (1930-2014) que, em entrevista nos anos 2000, disse que a música erudita brasileira nunca teve popularidade ou a qualidade da produzida na Europa porque o alto nível da música popular a tornava prescindível. Por questões familiares, o maestro vinha ao Brasil praticamente todos os anos.

Alguns autores afirmam, inclusive, que algumas letras dos sambas atingem a qualidade literária que passaram a ter a partir da Bossa Nova ou quando universitários aderiram ao gênero e o chamaram de MPB. Carlos Rennó é um exemplo:

> A alta voltagem poético-literária de determinadas letras de música nos surpreende particularmente quando sabemos que seus autores não eram artistas cultos, mas intuitivos, provenientes não raro de ca-

madas humildes da população. Essa voltagem é que faz com que certas letras apresentem sustentabilidade poética no papel. Ou seja, que se mostrem bons poemas não apenas no espaço da melodia, isto é, ao ser cantadas, mas também no espaço branco da página (2003, p. 62).

Sequer discuto se arte é intuitiva ou é uma reflexão sobre o mundo (só isso daria uma biblioteca de tratados). Trata-se de mostrar quão errôneas são as afirmações sobre a (falta de) cultura dos sambistas, seu desconhecimento de música e mesmo qualificar suas letras pela necessidade (ou não) de melodia para serem apreciadas. Falando especificamente sobre o canto e a interpretação vocal e dando como exemplo a cantora Clementina de Jesus, intérprete de um dos sambas do *corpus* desta pesquisa, Clara Sandroni é enfática:

> Estas palavras – intuição, dom, talento natural – são muito questionáveis porque é como se o canto viesse do nada. Nesse sentido, pode-se argumentar, com a Teoria da Educação que fala sobre educação formal, informal e não formal (...) Clementina de Jesus aprendeu ouvindo nas rodas com os pais, com os primos, com os tios. Ela não nasceu assim, se esforçou para cantar assim. Então, é portadora de uma tradição (2019, p. 204).

Cantar, com certeza, é uma das atividades em que menos se pode falar de intuição porque o cantor aprende a cantar, no ambiente dele, na tradição musical dele, seja através do rádio, de cerimônias religiosas, da comunidade que festeja, que canta as suas tradições. "E o cantor é aquele que gostou mais de cantar que o outro que não gostou tanto, o que gostou de tocar, ou o que gostou de ouvir" (SANDRONI, 2019, p. 205).

Para esclarecer os termos, recorro a Cybele Cazelli, "a sociedade moderna entende que a educação é um processo que não acontece somente no espaço da escola, além de não se limitar ao período de formação escolar" (2005, p. 121). Maria Esther Valente define educação informal e educação não formal como "práticas educacionais que se promovem fora do sistema formal de ensino e não são processadas de forma regular, seriada e sistemática" (1995, p. 6). As duas pesquisadoras estão na monografia *Guia de Visitação Escolar ao Museu Nacional/UFRJ: Iniciação à Ciência em 60 Minutos (Modus Operandi)*, que apresentei ao Museu da Vida – Casa de Oswaldo Cruz – Fundação Oswaldo Cruz (Fiocruz), para obtenção do título de Especialista em Divulgação da Ciência da Tecnologia e da Saúde, em 2011. Elas falam da função pedagógica dos museus, mas seus conceitos são aplicáveis ao nosso tema.

Se este trabalho te fez reavaliar essas premissas do senso comum, terei alcançado meu objetivo. Se, além de ler, quis ouvir música e descobrir novas canções contando o que foi a Praça Onze, estou amplamente recompensada.

6. Entrevistas

ENTREVISTA COM O MAESTRO E PRODUTOR PAULÃO 7 CORDAS (Paulo Roberto Pereira Araújo) realizada em 11/01/2019.

Esta entrevista foi feita em duas etapas. Houve uma conversa inicial em 11 de janeiro de 2019, em que levantamos os principais pontos a serem abordados. Em seguida, foram enviadas perguntas por escrito ao músico, que as respondeu também por escrito. Paulão 7 Cordas refez arranjos para quase todas essas músicas como diretor musical do espetáculo *Negros e Judeus na Praça Onze – O Musical*, levado em cartaz em março e abril de 2017.

Beatriz Coelho Silva – O que caracteriza João da Baiana como compositor?

Paulão 7 Cordas – A principal característica dele como compositor é usar muita expressão africana nas letras, provavelmente por estar muito próximo de seus ancestrais. Ele gostava de usar dialetos e o fazia com muita propriedade. A fala dele já era ritmada. O samba, inicialmente, não tinha muita variação melódica, era bem simples harmonicamente. A letra era importante e bastante percussiva, já tinha bastante elementos. Mesmo em músicas como a "Oração de São Gonçalo", que não é rimada, é assim.

As palavras que ele escolhe já sonorizam a música, têm uma pulsação, a fala já está ritmada. A melodia e a harmonia são simples, até repetitivas, mas a letra e o ritmo se casam perfeitamente e descrevem vivamente a situação do personagem da música. O cara que briga na festa e o mendigo de "Cabide de Molambo". Os sambas da época dele não tinham muita variação, eram bem simples harmonicamente, mas a parte percussiva já tinha bastante elementos com o adufe, um pandeiro sem platinelas e as palmas marcando o ritmo. Para tocar sua música, é preciso ter uma referência muito grande do estilo da época, porque é preciso usar um fraseado bem parecido, com a síncope bem marcada.

BCS – Dizem que ele introduziu o pandeiro e o prato e faca para marcar o ritmo do samba. Quais foram as novidades que ele trouxe para a música brasileira?

P7C – Ele foi um grande instrumentista, um grande ritmista de pandeiro e prato e faca. É o primeiro de que se tem notícia, de quem se tem registro com esses instrumentos. Porque é muito difícil dizer quem foi o primeiro a fazer isto ou aquilo. "Pelo Telefone", por exemplo, foi a primeira música em que veio escrito "samba" no disco. No meu caso, por exemplo, dizem que o Dino foi o primeiro, mas a gente sabe que o irmão do Pixinguinha, o Tute, que morreu muito cedo, já tocava violão de sete. Há muitas coisas atribuídas que a gente não tem como provar, mas, dentro da minha vivência musical, a primeira citação de pandeiro e prato e faca é com João da Baiana.

BCS – O que as músicas dele exigem de um cantor e de um instrumentista?

P7C – Para interpretar João da Baiana, é preciso explorar bem as sonoridades dos vocábulos, que se completam, e entender o texto que ele propõe, sem esquecer a parte musical. É preciso também ter muita malícia porque ele era muito jocoso. Só que, naquela época, as pessoas tinham muita classe. Até para jogar conversar fora, as pessoas tinham uma elegância. João da Baiana era muito metafórico, muito cadenciado e dançava muito bem. A cena dele dançando com Baden Powell em *Saravah* é ótima e ali ele já tinha uns 80 anos.

BCS – E o que sua música exige de um instrumentista?

P7C – É preciso ter uma referência muito grande do estilo da época porque é preciso usar um fraseado parecido. Com o tempo, o samba incorporou outros elementos e foi virando outra coisa. Mas, para tocar João da Baiana, Donga ou Pixinguinha, é preciso conhecer e respeitar o que eles fizeram. Se você inventar demais para tocar essas músicas, fica ruim. A linguagem proposta por eles é todo um contexto de época, é tudo ligado. As frases eram aquelas, com a síncope bem acentuada. É simples, mas é bom pra chuchu.

BCS – E quanto aos arranjos?

P7C – É preciso usar uma instrumentação próxima daquela época e tirar um bom som do estúdio para usar bem as células rítmicas da época.

BCS – O senhor pode explicar o que é célula rítmica?

P7C – É a batida de cada instrumento. Na batucada, ninguém toca igual. Cada instrumento tem uma função e a condução do ritmo fica para os ganzás. Não tem muito como variar isso. Os outros instrumentos que vêm por cima é que dão o suingue.

BCS – Certa vez, o senhor disse que a voz das pastoras é fundamental no samba. Podia explicar isso melhor?

P7C – A voz das mulheres é mais aguda e, dentro da frequência mais aguda, é mais fácil perceber a letra e mesmo a melodia, porque a pessoa canta ambas. Então, quando um compositor queria mostrar um samba, era fundamental a participação das mulheres. Também porque elas é que determinavam o calor da história. Até hoje, quando se tem um coro que é só masculino, tudo fica diferente. Quando se colocam os agudos por cima e junta-se tudo, letra e música aparecem muito mais. E a letra sempre foi muito importante no samba, tivemos letristas fabulosos como Noel Rosa, Custódio Mesquita, Geraldo Pereira, Haroldo Barbosa e muitos outros.

BCS – Vamos às músicas. "Na Praça Onze", de Francisco Gonçalves de Souza com Teobaldo Marques da Gama.

P7C – A forma de cantar era bacana pra caramba, com muito suingue, que valoriza uma letra maravilhosa, sobre um assunto muito bacana. O personagem da música conta como foi parar na Praça Onze, diz que também é malandro. Alguém deve ter falado que era assim e o cantor resolveu falar. E ele canta muito bem porque, à época, 1930, era preciso ser ótimo cantor porque não havia os recursos tecnológicos atuais nem a possibilidade de repetir a gravação muitas vezes até acertar.

O arranjo é característico dos anos 1930. Nessa época, tinha essa coisa do sopro muito forte. E tem a presença do cavaquinho aí porque as gravações eram num só canal e alguns instrumentos não apareciam tanto. O cavaquinho, por exemplo, era difícil de ser ouvido porque o violão sobressaía, assim como o sopro. Mas tem o cavaquinho fazendo aquele lesco-lesco. Se não é um arranjo do Pixinguinha, o responsável foi muito influenciado por ele porque o Pixinguinha sempre modulava, raramente ficava no mesmo tom. Há dois tipos de modulação, a definitiva, quando você troca de tonalidade e não volta, e a passageira, que você modula e depois volta à tonalidade original.

BCS – Vamos falar agora de "Moreno Cor de Bronze", de Custódio de Mesquita com Aurora Miranda.

P7C – Você pode notar que, em 1934, o Salgueiro já era chamado de Academia. É um samba sincopado, tem a característica de ter essas fermatas. É uma espécie de rubato. Uma flautinha no solo e tem uma orquestrinha ali atrás também, com cordas e tudo. E esse tem modulação. A segunda parte tem um jeito de samba-canção, mas é um samba sincopado. É um recitativo mesmo. O compositor deve ter feito assim. Pode ser uma música encomendada para tocar no rádio, que ainda estava no início, mas já se desenhava.

BCS – Então, o João da Baiana fazia música para cantar em casa e esse aí já é para o rádio?

P7C – É uma música escrita dentro de outro contexto. O João da Baiana não fez música para tocar em rádio, mas esse samba é totalmente radiofônico. Do início do rádio, não do auge, mas já estava se desenhando.

BCS – Agora, vamos comentar "Cansado de Sambar", de Assis Valente, com o Bando da Lua.

P7C – Esse samba tem uma base bem pequena, violão, violão tenor, pandeiro e ganzá para privilegiar o arranjo vocal, para os arranjos vocais aparecerem. Tem um suingue, por sinal, muito bom. A letra também é bem suingada, como todas as letras do Assis Valente. O arranjo é simples para as vozes sobressaírem, porque, se deixar coisa demais, fica muita informação. Quem usava muito esse violão tenor como guitarra havaiana era Garoto. Essa é uma música no estilo típico de Carmen Miranda, para ela dançar nos shows. Carmen Miranda dançava muito bem. A de Aurora Miranda parece música para dançar junto, em bailes.

BCS – "Praça Onze", de Herivelto Martins e Grande Otelo, com o Trio de Ouro.

P7C – Isso é um regional com uma cozinha [ritmistas] muito maior do que costumava haver nesse tipo de música. Normalmente, o regional tem só um pandeiro. Esse tem um apito do início, que parece mais de vender pirulito na praia, é característico de Herivelto e não se usa mais. E tem as pastoras que ele sabia harmonizar muito bem, abrindo sempre duas ou mais vozes. O Trio faz três vozes e ainda tem variações no coro. Era um tremendo sucesso. Ele faz a acentuação do tamborim, e a cuíca é tocada da forma antiga, marcando o ritmo, com pouca variação de tom. O pessoal adorava esse tipo de arranjo.

BCS – "Voz do Morro", de Geraldo Pereira e Moreira da Silva, que também canta e, por isso, deve ter entrado como compositor.

P7C – Nesse período era muito comum o cantor como parceiro da música e os compositores não reclamavam. Esse arranjo também tem o violão tenor na introdução. Esse é o conceito de gravação dos sambas de escola de samba e de Carnaval. Na introdução, tem um violão tenor que repete a melodia entre a primeira estrofe e continua com um regional e batucada, sem sopros nem coro. As gravações eram simples assim. E o tom informal de Moreira da Silva está em todas as suas músicas. Ele cantava o que precisava para cada coisa que gravava. A voz de Moreira da Silva ficava bem lá na frente e o resto do acompanhamento vem lá atrás. Ele cantava muito bem, qualquer tipo de música, gravou boleros e tudo mais. O samba de breque veio depois, provavelmente com "Etelvina" e "Na Subida do Morro".

BCS – Voltamos com Herivelto Martins, Grande Otelo e o Trio de Ouro: "Bom Dia, Avenida".

P7C – Aqui também tem o apitinho com a mesma característica de "Praça Onze", mas tem também sopro e a valorização do coro em três vozes. Parece música de Carnaval. Os sopros tocam nos espaços possíveis, deixando a harmonia andar, com a base e o cavaquinho. O contraponto é um comentário à melodia, mas é preciso ter cuidado porque se não fica uma mistureba. Tem que tocar nas pausas da melodia. Herivelto respeita isso, mas acrescenta a batucada da qual gostava muito. Ele se apresentava direto pelo Rio de Janeiro acompanhado só de batucada. A voz de Dalva de Oliveira está num volume mais alto que o das vozes masculinas, é mais explorada e tinha que ficar na frente mesmo, porque ela cantava muito. Aliás, nessa época, não tinha cantor ruim porque não havia recursos de gravação.

BCS – Agora vamos direto dos anos 1940 para os anos 1960 porque nos anos 1950 quase não tem música sobre a Praça Onze. O "Rancho

da Praça Onze", de João Roberto Kelly e Chico Anysio, com Dalva de Oliveira.

P7C – Esse arranjo tem todo jeito de Radamés Gnatalli, que criou um estilo juntando cordas e metais, uma orquestra sinfônica mesmo, e teve vários seguidores, como Leo Perachi, Lyrio Panichalli e Severino Araújo, os mais conhecidos. Foi feito especialmente para a voz, os floreios e trinados da Dalva de Oliveira, que cantava demais. Como já disse, nessa época não tinha cantor ruim porque não havia meios de consertar no estúdio. É um arranjo no estilo que Radamés Gnatalli trouxe para a Rádio Nacional. É música de concerto mesmo, com os sopros e cordas também. E olha a ocorrência: quando ela canta, eles fazem a harmonia. Só entra o contraponto quando ela não canta ou dá uma nota longa. E depois devolve para ela no tom. No fim, o arranjo usa toda a orquestra.

BCS – Agora vamos para a primeira versão de "Tempos Idos", com Odete Amaral e Cartola.

P7C – Esse trombone que faz o som inicial e o contraponto é do maestro Astor Silva, o Astorzinho, que foi da Orquestra Tabajara, de Severino Araújo, até os anos 1940 e, nos anos 1950, montou sua própria orquestra. A base tem um violão de seis cordas, provavelmente Canhoto, de sete cordas, cavaquinho e pandeiro. Astor tinha esta característica de tocar discreto, mas muito bem encaixado. O sopro dele é um complemento. Eu acho o começo dela um pouco duro, meio sem suingue. Já o Cartola tem suingue de sobra, é um especialista nisso. A gravação dos anos 1970, só com o Cartola, foi a definitiva, com arranjo do Dino 7 Cordas.

BCS – "Samba, Marca Registrada do Brasil", da Mocidade Independente de Padre Miguel, em 1977.

P7C – Comecei a trabalhar profissionalmente como músico nessa época. Samba-enredo era assim naquela época, depois veio mudando. O disco das escolas de samba tinha um esquema para gravar: a base era cavaquinho, violão, pandeiro, caixa, repinique e o puxador vinha no meio, gravando tudo junto, porque o arranjo era assim. Depois colocava a bateria para dar uma enchida. Esse tipo de música acaba lá em cima, mas abre para recomeçar tudo de novo. É um samba bom para desfilar porque não tem buracos na melodia. O coro feminino é fundamental. Esse aí é com As Gatas.

BCS – Agora vem a música do Zé Kéti, "Praça Onze, Berço do Samba". Você dizia que essa música chega ao fim, mas continua.

P7C – Zé Kéti, às vezes, tinha isso: a música é grande e passa do ponto. Atinge o clímax, mas passa do ponto e perde a força. Segundo as regras de composição, a música deve ter um começo, um meio, um auge e depois não pode demorar muito para acabar. É uma coisa meio parabólica. Na segunda parte dessa canção há uma quebrada e aí perde a força porque ele não foi mais sucinto e nem parece preocupado em ser. Descreveu muito passo a passo. As imagens que ele faz são bonitas porque Zé Kéti era bom nisso. O arranjo também é do Dino 7 Cordas e o violão dele faz o contraponto o tempo todo, sobressaindo do regional, preenchendo as pausas da melodia.

BCS – Agora, "Bumbum", do Império Serrano em 1982.

P7C – Repare como a tecnologia de gravação avançou num

prazo de cinco anos, entre o "Samba, Marca Registrada do Brasil" e "Bumbum". Cada instrumento ficou mais evidente, audível e é possível perceber melhor os detalhes da interpretação. E note-se que Quinzinho divide o ritmo, ele faz a síncope da melodia original ficar mais evidente, mais suingada. Ele é muito bom nisso. Mas o coro feminino foi mantido, é fundamental para entender a letra e a melodia.

ENTREVISTA COM A CANTORA E PROFESSORA DOUTORA CLARA SANDRONI - Titular da cadeira de Canto Popular na Universidade Federal do Estado do Rio de Janeiro (UniRio).

Quando essa entrevista foi feita, Clara era professora de Canto Popular na Escola de Música da Universidade Federal de Minas Gerais (UFMG). Atualmente, leciona na Universidade Federal do Estado do Rio de Janeiro (UniRio).

Beatriz Coelho Silva – Como a senhora quer ser apresentada na dissertação *Vem da Alma de Nossa Gente: Sambas da Praça Onze*?

Clara Sandroni – Em geral, apresento-me como cantora popular e professora de Canto Popular da UFMG. Se quiser, pode colocar que sou professora doutora pois acho que assim se valoriza o canto popular, o que é muito importante.

BCS – Nós vamos falar de catorze sambas, três de João da Baiana e onze que falam sobre a Praça Onze. Em primeiro lugar, eu gostaria de saber quais são as qualidades técnicas, artísticas e intelectuais para um bom cantor de samba? O que ele precisa dominar?

CS – É uma pergunta difícil, que exige que se entre em aspectos mais detalhados. Além de ter uma boa afinação e um bom ritmo, recomenda-se dominar o repertório que se pretende cantar. É preciso entender aquela melodia, a letra e também o que o compositor quis dizer. Quando se canta, não é possível separar cada um desses elementos. Para exemplificar: um excelente cantor de valsas, que gosta de um repertório antigo e resolve dedicar-se ao heavy metal, vai ter que aprender esse novo repertório, que tem diversos intérpretes, com parâmetros vocais e sociais próprios. Para isso é preciso ouvir muito também. Para criar um repertório é preciso ouvir muito, ficar atento às diversas interpretações possíveis de uma música e criar empatia com o público.

BCS – Os pesquisadores Carlos Sandroni (historiador e irmão de Clara) e Luiz Tatit dizem que, no início, o samba era um recado, um comentário sobre o que acontecia e que, por isso, era cantado de uma forma muito informal, como se fosse uma conversa. Você concorda com isso? Poderia comentar?

CS – Concordo, mas não acontece só com o samba. Isso acontece em diversos estilos de música, no rock, no rap, nas canções românticas, que podem não ser uma crônica do dia a dia, mas parecem uma carta. Talvez eles falem isso do samba porque pesquisaram esse tipo de música.

BCS – Existe uma diferença entre o canto popular e o canto erudito, também chamado *bel canto*? Qual seria?

CS – Não existe uma diferença, são várias diferenças porque existem muitos cantos eruditos e muitos cantos populares. Essa questão não é simples, mas, numa tentativa de síntese, fazendo uma simplificação extrema, pode-se dizer que o canto erudito, em geral, requer uma voz mais potente porque trabalha com uma emissão vocal que tem que superar o volume de uma orquestra inteira e tem técnicas específicas para desenvolver esse volume vocal. Já o canto popular atual, em geral, se beneficia do microfone. Outra diferença é que na música popular, comumente, canta-se a voz de peito, às vezes, quando vai para o agudo precisa fazer uma passagem, mas é mais raro. No canto erudito, a mulher canta sempre com a voz cabeça. O canto popular se beneficia do microfone para amplificar a voz e, por isso, atualmente, qualquer pessoa pode cantar. A tecnologia favorece quem tem menos volume vocal, embora haja muitos cantores populares com esse volume, a que chamamos de vozeirão.

BCS – O que mudou quando as músicas passaram a ser gravadas?
CS – Houve muitas mudanças. O samba feito nas casas das baianas, cantado nas festas por todo mundo, com improvisações, era cantado com uma voz da tradição daquele grupo. Um tipo de canto que não posso classificar porque não tive acesso a ele. Mas certamente usavam recursos interpretativos diferentes dos empregados pelos cantores do rádio. Esses usavam recursos herdados do *bel canto*, como a impostação vocal, própria das operetas e decorrente de não haver microfone para amplificar a voz. Para cantar num ambiente grande, como uma sala de teatro, o cantor tinha que ter um vozeirão. Os cantores de rádio, da chamada Era de Ouro do Rádio até um pouco antes da Bossa Nova, cantavam assim. Havia exceções como Mário Reis e Carmen Miranda e alguns compositores chegaram a gravar do jeito deles, sem grande volume vocal ou impostação.

BCS – Existe uma sintaxe nos arranjos e na interpretação?
CS – Assim como a voz, cada instrumento leva uma contribuição de mensagem, de estética, faz parte da música. Não domino esse termo, sintaxe, no sentido de organização de um discurso, mas certamente isso acontece. Pode ser consciente ou não, mas cada elemento interpretativo musical está relacionado a sentimentos que, sem dúvida alguma, tem relação com o que aquela socie-

dade entende daquele sentimento. Um músico pode fazer o que ele achava que tinha que fazer ali porque era o que todo mundo fazia, mas de alguma maneira ele está reproduzindo um discurso.

BCS – Os candidatos e candidatas a cantar conhecem o repertório desta pesquisa?

CS – Só posso falar de meus alunos, nesses anos em que dou aula: as pessoas não conhecem. Dizer isso não é uma crítica a esta geração, é um fato que acontece sempre porque, quem começa a cantar, especialmente quem é jovem, vem com a informação que lhe chega, começa a cantar o que chegou pela vida, pelo rádio, pela televisão, grupo de amigos, família etc. E vai cantar o sucesso do momento. Cabe ao professor, em qualquer circunstância, em qualquer situação, ampliar o leque de repertório de seu aluno. Na UFMG, procuramos apresentar um repertório que faz parte da história da música popular brasileira que foi substituído por outros mais recentes. Procuramos vir do século XIX até a modernidade, mostrando a beleza de cada época e incentivando a pesquisa dos próprios alunos.

BCS – A que você atribui não haver compositoras nessa época, embora houvesse cantoras como Aracy Cortes, Carmen Miranda e as irmãs Batista (Linda e Dircinha Batista – Florinda e Dirce Grandino de Oliveira)?

CS – É machismo, não é mesmo? No início do século passado, a mulher estava alijada, estava fora da universidade, sem direito a voto. Em geral, ela estava em casa tendo filhos. Quanto às cantoras, são três gerações diferentes. Aracy Cortes é a primeira a ficar na história cantando "Linda Flor" e quebrando uma barreira machista que existia na época. Devia haver outras cantoras em teatro de revista e em circos, mas a cantora, nessa época, era considerada quase uma prostituta. Aos poucos a mulher foi conquistando seu espaço, ganhando o mercado tanto no samba quanto na música, em geral.

Carmen Miranda veio um pouco mais tarde, numa época em que havia mais cantoras e fez um enorme sucesso porque ser uma artista incrível, inigualável. Foi para os Estados Unidos, onde tornou-se a artista mais bem paga do cinema americano e deixou uma herança ainda muito pouco explorada na música brasileira. Mas ainda era uma rara intérprete num mundo dominado pelo machismo. Quando as Irmãs Batista chegaram, havia um pouco mais de presença feminina, mas até hoje, apesar de, na década de 1970, ter havido o que alguns críticos chamaram de Onda Feminina com mais compositoras alcançando lugar de destaque, em alguns setores, como a música sertaneja, só recentemente, salvo poucas exceções, a mulher realmente ganhou espaço. Até hoje, música é um mundo dos homens onde a mulher é sempre minoria.

BCS – **O produtor e maestro Paulão 7 Cordas diz que a voz feminina é fundamental no samba porque o timbre agudo facilita a percepção da letra e da melodia. Você concorda?**
CS – Sim, e, nesse setor, ele tem muito conhecimento.

BCS – **Agora vamos falar das músicas? Começando com "Na Praça Onze".**
CS – Essa música lembra os sambas de Sinhô, o Rei do Samba nos anos 1920 até quase o fim da década. É uma música que se cantava

assim com bastante pausa, o ritmo bem marcado. O canto toma a forma coloquial. Esse usa mais recursos da fala que os recursos do canto, do intérprete, embora esteja cantando, e não falando. Fosse um cantor como Francisco Alves, usaria mais técnicas de interpretação. Mas isso não significa, absolutamente, que um seja melhor que o outro. São apenas formas diferentes de cantar.

BCS – E sobre "Moreno Cor de Bronze", de Custódio Mesquita, com Aurora Miranda?

CS – Aurora Miranda é uma cantora típica dos anos 1930, é bem afinada. Ela tem aquela voz aguda feminina, um pouquinho mais empostada que o cantor de "Na Praça Onze" e usa mais recursos interpretativos. Quando ela canta "na Academia do [Salgueeeiro]", é um vibrato, um recurso muito comum nessa época, em que há uma pequena variação de menos de meio tom na melodia. Quando canta "[teeem] no corpo a faceirice", faz um portamento, que é demorar um pouco em uma nota e passar para outra nota, com o fim de valorizar a letra E ela usa também melismas, que são variações melódicas entre as notas, como quando canta "não há nada [moreemo] que se compare a você". Esse é o trabalho do intérprete, valorizar a canção, a melodia e a letra. Se analisarmos detalhadamente a emissão vocal dessa música, encontraremos vários recursos interpretativos da época. E cada época e cada estilo, tem recursos próprios que os caracterizam.

BCS – "Moreno Cor de Bronze" é um samba-canção pioneiro?

CS – É difícil dizer que uma canção pertence a um ou outro subgênero se ele não existia na época em que foi lançada. As classificações surgem sempre depois que o gênero já se estabeleceu, surgem sempre *a posteriori*. Por exemplo, você tem uma música dos anos 1920 que tem todas as características do samba-canção, mas o conceito de samba-canção, essa classificação, me parece que é dos anos 1940/50. Ou seja, o gênero já existia mesmo antes que lhe atribuíssem nome, uma classificação. Mas essa música é um samba sincopado, não um samba-canção.

BCS – Vamos falar sobre "Cansado de Sambar", de Assis Valente, com o Bando da Lua.

CS – O cantor solo [Aloysio de Oliveira] faz um portamento quando conta "Praça [Ooonze]", e um pequeno vibrato em "sambar" porque tem elementos de interpretação melódicos um pouco mais elaborados que o cantor de "Na Praça Onze". Isso não significa que seja melhor ou que tenha mais sucesso, mas esse solista do Bando da Lua tem mais recursos musicais. O acompanhamento típico da época valoriza mais as vozes que participam da base com uma harmonia que reforça a letra. Esse acompanhamento vocal é muito interessante nessa música. Por vezes, o solista emenda um verso no outro, sem respirar e, em outras, respira no meio do verso. São recursos de interpretação que determinam a prosódia da canção e que podem ser usados também como recursos técnicos (o melhor momento de respirar) ou interpretativos.

BCS – Sobre o samba "Praça Onze", de Herivelto Martins e Grande Otelo, com o Trio de Ouro.

CS – Essa gravação é interessante porque a harmonia está toda na voz, os instrumentos melódicos pouco aparecem porque a parte instrumental é quase toda percussiva. É uma opção interessante, como se dissesse que é bem popular, bem escola de samba, onde a percussão é o elemento musical mais importante. Tambores, tamborins, cuíca, isso tudo junto. Esse arranjo valoriza o fato de a música falar de um drama popular. Estão acabando com a Praça Onze, um lugar onde se fazia samba. E a harmonia fica toda na voz, o que é uma maravilha.

BCS – "Voz do Morro", de Geraldo Pereira e Moreira da Silva. Há duas questões, uma é sobre a autoria: a biógrafa de Pereira e a pesquisadora Daniella Thompson acreditam que Moreira da Silva comprou a parceria. A outra questão é a impostação de Moreira da Silva, nessa época, bem diferente do Kid Morengueira.

CS – A venda de parceria era muito comum na época dessa música. Essa música é de um período de transição entre o samba de breque de Kid Morengueira e o Moreira da Silva cantor de boleros. É um samba sincopado, à maneira de Geraldo Pereira, mas nem tanto quanto outros que ele faria nos quais Moreira da Silva canta com a voz impostada. Mas é preciso fazer uma ressalva a esse termo porque toda voz é posta para fora.

Moreira da Silva é um cantor fabuloso, mas ele não canta com a mesma voz com que fala, abre um pouco mais a garganta para alcançar mais volume com a voz, ganhar presença vocal e dos harmônicos. É uma técnica que ele usa porque não canta com a mesma voz com que fala. Também porque a música é triste, ao mesmo tempo derrotista e orgulhosa. A Praça Onze acabou, mas eu não vou chorar, vou continuar. Tem esses dois aspectos que o cantor enfatiza muito bem.

BCS – O samba "Bom Dia, Avenida", novamente de Herivelto Martins e Grande Otelo, com o Trio de Ouro.

CS – Agora a música protesta, mas ameniza. E há o destaque da voz das pastoras, com Dalva de Oliveira à frente. Ela é uma das maiores cantoras da música popular brasileira e segue essa tradição que vem até a Bossa Nova. Segue a tradição do *bel canto*, com muita afinação, vibratos, volume e suingue, claro, muito suingue. Dalva de Oliveira reúne todas as qualidades necessárias a uma cantora e sabe usá-las. E, certamente, o acompanhamento com orquestra é questão de oportunidade. O Trio de Ouro era um sucesso imenso e podia dispor dos recursos que desejasse em suas gravações. Toda emissora de rádio tinha sua orquestra e quem virava cantor de rádio dispunha delas para gravar. Percebe-se que a opção de destacar a percussão e as vozes no samba "Praça Onze" é estética.

BCS – "Rancho da Praça Onze", de João Roberto Kelly e Chico Anysio, com Dalva de Oliveira.

CS – Dalva de Oliveira deve ter mudado a forma de cantar essa música, que também talvez tenha sido composta com muitas pausas*. Mas Dalva traz a contribuição como intérprete porque o que ela faz bem é soltar o vozeirão, deixar a nota vibrar, vibrar o agudo, alongar as notas. A interpretação dela transforma a música. Ela tem muita voz e achou pertinente soltá-la nessa música. Não que vá fazer sempre, Aqui deu certo. A música tem uma coda *grand finale*.

---

* No momento das duas entrevistas, a presencial e a escrita, ainda não se sabia que o "Rancho da Praça Onze" havia sido composto alguns anos antes especialmente para Aracy Cortes, com outra letra.

BCS – "Tempos Idos", de Cartola e Carlos Cachaça, na gravação original com ele e Odete Amaral. Gostaria que comentasse a interpretação dele, que emenda um verso no outro e respira no meio, tal como fez Moreira da Silva em "Voz do Morro".

CS – Essa gravação parece ser dos anos 1970, não dos anos 1960. É uma produção impecável e eles são dois ótimos cantores. A voz dela vibra o tempo todo e a dele também vibra de vez em quando. Cartola sabia usar os recursos vocais – vibrato, notas longas, afinadíssimo – para valorizar cada palavra. Quanto a emendar versos ou respirar no meio dele, tal como acontece com Moreira da Silva, é preciso pesquisar por que faz isso. Geralmente, tem a ver com a prosódia. É uma coisa livre. Às vezes, é instintivo, às vezes a música é muito clara numa prosódia, mas às vezes é porque o cantor precisa respirar. Às vezes, é melhor respirar no meio da frase porque, se o cantor respira mal, passa ao público uma sensação de angústia, de sofrimento.

BCS – "Samba, Marca Registrada do Brasil", samba-enredo da Mocidade Independente de Padre Miguel em 1977.

CS – Essa gravação tenta repetir a sonoridade do desfile das escolas de samba. O coro está ali o tempo todo, todo mundo canta, a bateria bem alta, quase competindo com a voz. São opções do produtor fonográfico e dos intérpretes, obviamente, que tentam reproduzir o desfile da escola de samba, como se houvesse um microfone captando a passagem da agremiação. Para dar a impressão, a quem ouve, de estar dentro do desfile, como se um microfone tivesse sido colocado no momento em que a escola passava.

BCS – "Praça Onze, Berço do Samba". Neste caso, Zé Kéti, autor e cantor, não muda a respiração, dá uma pausa a cada duas palavras? Outro detalhe, não seria uma música proustiana?

CS – É preciso investigar melhor para saber se é um samba proustiano ou não. É bem possível porque Zé Kéti tem uma história, um papel, é um personagem da música popular brasileira. Sua respiração é típica do samba, porque é o silêncio que dá o suingue. Deve-se atentar para como ele se demora nos melismas, como no verso final "eu terminava [dooormindo] na [caaalçada]".

Zé Kéti é um grande intérprete, com um timbre personalíssimo. Ressalto que todo timbre é único, é o pressuposto de todos os estudiosos da voz. O timbre funciona como uma identidade, como se fosse a digital. Mas Zé Kéti é um personagem, cria uma escola porque tem um jeito absolutamente próprio de cantar, que outros imitam, conscientemente ou não. É o timbre, a emoção que bota na voz, certa forma de cantar com portamentos, melismas, vibratos e outros recursos. Ele se expressa através da voz, faz um desenho com a voz. Por tudo, você ouve e diz: é o Zé Kéti. Isso tudo é a personalidade vocal dele.

BCS – "Bumbum Paticumbum Prugurundum". A senhora pode comentar a relação da voz solo, do puxador do samba, com o coro e o arranjo?

CS – A gravação desse samba-enredo valoriza a voz que puxa o samba, mas também tenta reproduzir o desfile. Valoriza-se a relação entre a voz solo com a massa vocal que canta o samba, ou seja, o coro. Qualquer coro, em qualquer época e estilo, é a junção de várias vozes para amplificar o som para que a plateia toda ouça melhor. O coro, quando canta solo, quando repete ou reforça uma voz principal, está ali para reforçar a mensagem melódica, harmônica e a letra.

BCS – E o que a senhora comenta sobre "Quando a Polícia Chegar", João da Baiana. Esse samba é de 1915, mas aqui temos a versão com Cristina Buarque e Clementina de Jesus, em 1981.

CS – Essa música foi feita justamente na época em que o samba era perseguido pela polícia e continua atual. Clementina de Jesus deve ter sido contemporânea de João da Baiana e sua voz vem desse tempo, uma voz negra, antiga, do terreiro, no sentido de pré-gravação, uma voz de roda de samba, de tradição negra que ficou nela. Algumas vezes, aparecem um cantor ou uma cantora imitando-a. O próprio Milton Nascimento tem uma gravação em que ele brinca de Clementina. É uma maravilha!

Clementina tem o jeito de cantar do samba de roda, mas não é uma voz sem aspectos interpretativos. Quando canta o refrão, ela usa elementos do intérprete, do cantor porque talvez ela não falasse assim.

BCS – Embora seja muita pretensão minha ir contra Luiz Tatit ou Carlos Rennó, ele diz que os músicos dessa época, dos primórdios do samba, eram intuitivos. Eram artistas intuitivos. Em minha opinião, não existe arte intuitiva, arte é sempre uma reflexão que o artista quer passar para o público. Além disso, esses cantores e músicos podiam até ser autodidatas, mas estudavam para isso.

CS – Também questiono muito isso. Essas palavras – intuição, dom, talento natural – são muito questionáveis porque é como se o canto viesse do nada. Nesse sentido, pode-se argumentar com a Teoria da Educação que fala sobre educação formal, informal e não formal. Clementina de Jesus aprendeu ouvindo nas festas com os pais, com os primos, com os tios. Ela não nasceu assim, se esforçou para cantar assim. Então, é portadora de uma tradição, se esforçou para cantar assim.

Cantar, com certeza, é uma das atividades em que menos se pode falar de intuição porque o cantor aprende a cantar, no ambiente dele, na tradição musical dele, seja através do rádio, de cerimônias religiosas da comunidade que festeja, que canta as suas tradições. E o cantor é aquele que gostou mais de cantar que o outro que não gostou tanto, o que gostou de tocar, ou o que gostou de ouvir.

BCS – Agora, para terminar, vamos ouvir "Batuque na Cozinha" e "Cabide de Molambo", com João da Baiana, no disco *Gente da Velha Guarda*, **produção de Hermínio Bello de Carvalho.**

CS – João da Baiana é uma maravilha, fazia um samba de roda incrível. Ele é o pai do suingue, não tem igual. Você sente a ironia porque ele suinga, tem malemolência, um jeitinho de chegar. E a letra já vem com metáforas, com brincadeiras para o cantor. João da Baiana ensinou todo mundo a cantar o samba de roda. Na gravação, há um eco na voz dele, criando um ambiente que lhe dá um brilho, isso porque a voz dele é muito grave. João da Baiana é o fundador de um gênero musical, não resta dúvida. É muito difícil cantar do jeito dele, parece fácil, mas não é.

BCS – Gostaria que comentasse isso. Porque o samba tem essa característica, parece fácil de cantar, todo mundo acha que pode cantar. Por quê?

CS – Um pouco por preconceito, também porque a música, quando é boa, entra muito facilmente. Mas, em geral, é muito difícil fazer música boa.

BCS – É isso que eu queria saber. O samba tem uma característica que todo mundo acha que pode cantar. O que o samba tem que todo mundo acha que pode cantar e, na verdade, é muito difícil?

CS – No caso do samba, como é música de preto, de pobre, de morro, de malandro, há uma desvalorização. Costuma-se dizer que é difícil cantar ópera porque é música de branco, é chique, vem da Europa, mas a ópera nasceu do povo, era uma música popular, talvez não fosse difícil cantar ópera lá em Viena, em Florença. Essas avaliações, dizer que um gênero ou outro é fácil ou difícil, são sempre sociais, econômicas e preconceituosas.

7. Músicas analisadas

Batuque na Cozinha
Autor: *João da Baiana*
Intérprete: *João da Baiana*
Arranjo: *Pixinguinha e Nelsinho*
Produção: *Hermínio Bello de Carvalho*
Odeon – Rio de Janeiro – 1968

Bom Dia, Avenida
Autor: *Herivelto Martins e Grande Otelo*
Intérpretes: *Trio de Ouro, com o conjunto de Benedito Lacerda*
Odeon – Rio de Janeiro – 1944

Bumbum Paticumbum Prugurundum
Autores: *Beto Sem Braço e Aluísio Machado*
Intérprete: *Quinzinho*
Produção: *Laíla (Luiz Fernando Ribeiro de Castro), Genaro Soalheiro e Zacarias Siqueira de Oliveira*
Top Tape – Rio de Janeiro – 1981

Cabide de Molambo
Autor: *João da Baiana*
Intérprete: *João da Baiana*

Arranjo: Pixinguinha e Nelsinho.
LP Gente da Antiga
Produção: Hermínio Bello de Carvalho
Odeon – Rio de Janeiro – 1968

Cansado de Sambar
Autor: Assis Valente
Intérprete: Bando da Lula
RCA Victor – Rio de Janeiro – 1937

Moreno Cor de Bronze
Autor: Custódio Mesquita
Intérprete: Aurora Miranda
Arranjo: Simon Bountman
EMI-Odeon – Rio de Janeiro – 1934

Na Praça Onze
Autor: Francisco Gonçalves
Intérprete: Teobaldo Marques da Gama
Parlophon – Rio de Janeiro – 1931

Praça Onze
Autores: Herivelto Martins e Grande Otelo
Intérpretes: o Trio de Ouro e Castro Barbosa, com o conjunto de Benedito Lacerda Columbia Records – Rio de Janeiro – 1942

Praça Onze, Berço do Samba
Autor: Zé Kéti
Intérpretes: Zé Kéti

LP Zé Kéti
Itamaraty – Rio de Janeiro – 1982

Quando a Polícia Chegar
Autor: João da Baiana
Intérpretes: Cristina Buarque e Clementina de Jesus
Produção: Copinha, Cristóvão Bastos e Nelsinho
LP Cristina
Ariola – Rio de Janeiro – 1981

Rancho da Praça Onze
Autores: João Roberto Kelly e Chico Anysio
Intérpretes: Dalva de Oliveira
Arranjos: Severino Araújo
LP Praça Onze
EMI-Odeon – Rio de Janeiro – 1965

Samba, Marca Registrada do Brasil
Autores: Dico da Viola e Jurandir Pacheco
Intérprete: Ney Vianna
Continental – Rio de Janeiro – 1977

Tempos Idos
Autores: Cartola e Carlos Cachaça
Intérpretes: Odete Amaral e Cartola
LP Fala Mangueira
Produção: Hermínio Bello de Carvalho e Milton Miranda
EMI-Odeon – Rio de Janeiro, – 1968

Voz do Morro

Autores: Geraldo Pereira e Moreira da Silva
Intérpretes: Moreira da Silva
EMI-Odeon – Rio de Janeiro – 1943

No site da editora, há links de acesso às canções.
Acesse o QR Code disponível na página 5 deste livro.

8. Referências bibliográficas

"Amálgama (sociologia)" in: *Artigos de Apoio Infopédia [em linha]*. Porto: Porto Editora, 2003-2018. Disponível em https://www.infopedia.pt/apoio/artigos/$amalgama-(sociologia). Acesso em: 23 jun. 2018.

ANDERSON, Beneditc. *Comunidades Imaginadas: Reflexões sobre a Origem e a Difusão do Nacionalismo*. BOTTIMAN, Denise (Trad.). São Paulo: Companhia das Letras, 2008.

ANYSIO, Chico. *Roda Viva*. São Paulo. TV Cultura, 23/06/1993. Transcrição disponível em http://www.rodaviva.fapesp.br/materia/444/entrevistados/chico_anysio_1993.htm. Acesso em: 23 jan. 2019.

AUGRAS, Monique. *O Brasil do Samba-enredo*. Editora Fundação Getúlio Vargas: Rio de Janeiro, 1998.

BAIANA, João da (João Machado Guedes) Depoimento para o Museu da Imagem e do Som do Rio de Janeiro (MIS-RJ), a Hermínio Bello de Carvalho e Aluísio Alencar Pinto. Rio de Janeiro, 24 de agosto de 1966.

BARBOSA, Flavio Aguiar. *Palavra de Bamba: Estudo Léxico-discursivo de Pioneiros do Samba Urbano Carioca*. Tese de doutorado no Programa de Pós-Graduação em Letras da Universidade Estadual do Rio de Janeiro: Rio de Janeiro, 2009. Disponível em http://livros01.livrosgratis.com.br/cp128396.pdf. Acesso em: 16 set. 2018.

BARBOZA, Marilia T. & OLIVEIRA FILHO, Arthur. *Cartola: Tempos Idos*. Rio de Janeiro: Funarte, 1983.

BARRETO, Paulo (João do Rio). *As Religiões do Rio*. Rio de Janeiro: Editora Nova Aguilar - Coleção Biblioteca Manancial n.º 47, 1976. Disponível em http://www.dominiopublico.gov.br/download/texto/bi000185.pdf. Acesso em 23 mar, 2019.

BOSCO, Francisco. "Letra de Música é Poesia?" In: *Literatura e Sociedade: Narrativa, Poesia, Cinema, Teatro e Canção Popular*. BUENO, André. Org. Editora 7 Letras: São Paulo, 2006. pp. 56-65.

CABRAL, Sérgio. *As Escolas de Samba do Rio de Janeiro*. Rio de Janeiro: Lumiar Editora, 1996

CAMPOS, ALICE D. S. *et ali*. *Um Certo Geraldo Pereira*. Rio de Janeiro: Funarte, 1983.

CÂNDIDO, Antônio. "Dialética da Malandragem". in: *Revista do Instituto de Estudos Brasileiros*. São Paulo, n. 8, pp. 67-89, jun. 1970. ISSN 2316-901X. Disponível em: http://www.revistas.usp.br/rieb/article/view/69638. Acesso em: 05 jun. 2018.

CARVALHO, Hermínio Bello. LP *Gente da Antiga*, contracapa. Rio de Janeiro: Odeon, 1968. Disponível em https://sambaderaiz.org/albuns/gente-da-antiga-pixinguinha-clementina-de-jesus-joao-da-baiana-1968-odeon/. Acesso em 17 jun. 2019.

CASTRO, Ruy. *Chega de Saudade. A História e as Histórias da Bossa Nova*. 2ª edição. São Paulo: Companhia das Letras, 1990.

_____. *Carmen Miranda: Uma Biografia*. São Paulo: Companhia das Letras, 2005.

CAZELLI, S. *Ciência, Cultura, Museus, Jovens e Escolas: Quais as Relações?* Tese de Doutorado apresentada no Programa de Pós-Graduação em Educação, Pontifícia Universidade Católica do Rio de Janeiro (PUC/RJ). Rio de Janeiro. 2005.

COSTA, Nelson Barros da. *A Produção do Discurso Lítero-musical Brasileiro*. Tese de doutorado no Programa de Pós-Graduação em Linguística Aplicada Estudos de Linguagem da PUC-SP. São Paulo. 2001.

CUNHA, Olívia Maria Gomes da Silva. "Sua Alma em Sua Palma: Identificando 'Raça' e Inventando a Nação", in: *Repensando o Estado Novo*. PANDOLFI, Dulce (org.). Rio de Janeiro: Editora Fundação Getúlio Vargas, 1999. pp. 257-288.

CYNTRÃO, Sylvia Helena. "O Lugar da Poesia Brasileira Contemporânea: Um Mapa da Produção. In: *Ipotesi*. v12, n 2, Juiz de Fora. UFJF. julho/dezembro 2008. Disponível em http://www.ufjf.br/revistaipotesi/files/2011/04/8-O-lugar-da-poesia-brasileira-contempor%C3%A2nea-um-mapa-da-produ%C3%A7%C3%A3o.pdf. Acesso em: 29 set. 2018.

DINIZ, André. *Almanaque do Carnaval. A História do Carnaval: O Que Ouvir, O Que Ler, Onde Curtir.* Rio de Janeiro: Jorge Zahar, 2008.

ECO, Umberto. *Confissões de um Jovem Romancista.* MARQUES, Clóvis (Trad.). Rio de Janeiro: Editora Record, 2018.

EFEGÊ, Jota. "11 de Junho: A Praça do Samba". In: *Jornal do Brasil*, 11/06/1970, p. 4.

FERNANDES *et ali As Vozes Assombradas do Museu.* Secretaria da Educação e Cultura. Rio de Janeiro: Artenova, (sem data).

FERREIRA, Aurélio Buarque de Holanda. *Novo Aurélio século XXI: O Dicionário da Língua Portuguesa.* 3ª edição. Rio de Janeiro: Nova Fronteira, 1999.

FRIDMAN, Fânia. *Paisagem Estrangeira. Memórias de um Bairro Judeu no Rio de Janeiro.* Rio de Janeiro: Casa da Palavra, 2007.

GATTI, Luciano Ferreira. "Marcel Proust e o Inacabamento do Passado". In: *Revista Margem.* PUC-SP, n. 17, jun. 2003. P 197-216. Disponível em http://www4.pucsp.br/margem/pdf/m17mp.pdf. Acesso em: 11 jun. 2019.

GOMBRICH, E.H. *A História da Arte.* CABRAL, Álvaro (trad.) 16ª Edição. Rio de Janeiro: LTC Editora, 1999.

HALBWACHS, Maurice. *A Memória Coletiva*. SHCAFFTER, Laurence Léon (Trad.). São Paulo: Editora Revista dos Tribunais LTDA, 1990.

HOBSBAWM, Eric. *A Era dos Extremos: O Breve Século XX, 1914-1991*. São Paulo: Companhia das Letras, 1994.

MAINGUENEAU, Dominique. "Analisando Discursos Constituintes". In: *Revista do GELNE* (Grupo de Estudos Linguísticos do Nordeste). Ano 2. Volume 2.COSTA, Nelson Barbosa da. João Pessoa: Universidade Federal da Paraíba, 2000. pp. 1-22. Disponível em https://periodicos.ufrn.br/gelne/article/view/9331/6685. Acesso em: 17 jan. 2019.

MALAMUD, Samuel. *Recordando a Praça Onze*. Rio de Janeiro: Kosmos, 1988.

MARCUSCHI, Luiz Antônio. "Gêneros Textuais: Definição e Funcionalidade". In: *Os Gêneros Textuais e Ensino*. DIONÍSIO, A. P.; MACHADO, A. R. e BEZERRA, M.A. (org.) São Paulo: Parábola Editorial, 2010.

MELLO, Zuza Homem. *A Era dos Festivais. Uma Parábola*. São Paulo: Editora 34, 2003.

MENESCAL, Roberto. In: *Erlon Chaves: O Maestro Veneno*. Documentário. Direção Alessandro Gamo. Produção: Marina Kezen. 2018.

MICHAELIS. Dicionário. Verbete "Samba". Disponível em http://michaelis.uol.com.br/busca?id=5BPzo. Acesso em: 11 abr. 2019.

MOURA, Roberto. *Tia Ciata e a Pequena África do Rio de Janeiro*. Coleção Biblioteca Carioca. Volume 32. 2ª edição. Rio de Janeiro: Série Publicação Científica, 1995.

NASCIMENTO, Adriano R. A. & MENANDRO, Paulo R. M. "Memória e Saudade: Especificidades e Possibilidades de Articulação na Análise Psicossocial de Recordações". In: *Memorandum*. nº 5, abril de 2005. UFGM/USP. P. 5 a 20. Disponível em http://www.fafich.ufmg. br/~memorandum/artigos08/artigo01.pdf. Acesso em: 10 set. 2019.

NORA, Pierre; AUN KHOURY, T. Y. "Entre Memória e História: A Problemática dos Lugares". In: *Projeto História: Revista do Programa de Estudos Pós-Graduados de História*, [S.l.], v. 10, out. 2012. ISSN 2176-2767. Disponível em: https://revistas.pucsp.br/revph/article/view/12101/8763. Acesso em: 15 jul. 2019.

NETO, Lira. *Uma História do Samba: As Origens*. São Paulo: Companhia das Letras, 2017.

PAULÃO 7 CORDAS (Paulo Roberto Pereira de Araújo: entrevista (mar. 2019). Entrevistadora. Beatriz Coelho Silva. Entrevista feita por escrito para a dissertação de conclusão do Curso de Mestrado em Letras CES-JF.

POLLAK, Michael. "Memória e Identidade Social". AUGRAS, Monique (Trad.). In: *Revista Estudos Históricos*. v. 5, nº 10, 1992. pp 200-212. Transcrição de palestra proferida em 1987. Disponível em http://www.pgedf.ufpr.br/memoria%20e%20identidadesocial%20 A%20capraro%202.pdf. Acesso em : 01 fev. 2019.

PORTIS, Larry. "Musique Populaire dans le Monde Capitaliste: Vers un Sociologie de L'Authenticité". In: *Musique et Societé*. *Collection L'homme et la Societé*. nº. 126. Paris: Editions L'Harmattan, 1997. pp. 69-86. Disponível em http://www.persee.fr/doc/homso_0018-4306_1997_num_126_4_2916. Acesso em: 24 dez. 2018.

QUIRINO, Célia N. Galvão. "O Romantismo e a Ideia de Nação". In: *Gramsci e o Brasil*. Juiz de Fora: Acessa, 2005. Disponível em https://www.acessa.com/gramsci/?page=visualizar&id=463. Acesso em 08 set. 2019.

RENNÓ, Carlos. "Poesia Literária e Poesia Música: Convergências". In: *Literatura e Música*. São Paulo: Editora Senac, 2003. pp. 49-71.

RIBEIRO, Paula. *Cultura, Memória e Vida Urbana: Judeus na Praça Onze, no Rio de Janeiro (1920-1980)*. Tese apresentada no Programa de História Social da Pontifícia Universidade Católica de São Paulo (PUC-SP), em 2008.

ROSA, João Guimarães. "Meu Tio o Iauaretê". In: *Estas Histórias*. 1969. Disponível em http://www.biolinguagem.com/inuma/ROSA%20 1961%20meu%20tio%20iauarete.pdf. Acesso em 27 nov 2019.

SAID, Eduard W. *Orientalismo: O Oriente Como Invenção do Ocidente*. BUENO, Tomás Rosa (Trad.). São Paulo: Companhia das Letras, 1996.

SALEM, Helena. *Leon Hirszman. O Navegador das Estrelas*. Rio de Janeiro: Editora Rocco, 1997.

SANDRONI, Clara: entrevista (fev. 2019). Entrevistadora: Beatriz Coelho Silva. Entrevista concedida para a dissertação do Mestrado em Letras do CES-JF.

SANMIGUEL, Alejandro. "Modernidad y Música Popular em América Latina". In: *Izatapalapa - Revista de Ciências Sociales y Humanidades*. Ano 11, nº 24 México, 1991.

SODRÉ, Muniz. *Samba Dono do Corpo*. Rio de Janeiro: Editora Mauad, 1998.

SILVA, Beatriz Coelho. *Negros e Judeus na Praça Onze. A História Que Não Ficou na Memória*. Rio de Janeiro: Bookstart, 2015.

_____ A cultura como projeto político na Era Vargas, entrevista com Lucia Lippi. In: *O Estado de S. Paulo*. São Paulo, p. 18, 30 ago. 2004.

_____ "Semana de Arte Moderna". In: *Dicionário da Elite política Republicana (1889 – 1930)*. Rio de Janeiro: CPDOC/FGV, sem data. Disponível em https://cpdoc.fgv.br/sites/default/files/verbetes/primeira-republica/SEMANA%20DE%20ARTE%20MODERNA.pdf. Acesso em 22 jul. 2019.

_____ "Samba Se Aprende na Escola – Canções da Praça Onze". Episódio 10: Rancho da Praça Onze. Disponível em https://toris.com.br/2022/01/07/rancho-da-praca-onze/ . Acesso em 01 fev 2025.

SILVA, Ismael in: *MPB Especial*. São Paulo. TV Cultura. 15 de agosto de 1973. Programa de televisão. Disponível em https://www.youtube.com/watch?v=fCvhR5Gg20Q. Acesso em 11/04/2019.

_____ "Vozes Lusófonas". *apud* RIBEIRO, Paula. In: *Cultura, Memória e Vida Urbana: Judeus na Praça Onze, no Rio de Janeiro* (1920-1980). Tese apresentada no Programa de História Social da Pontifícia Universidade Católica de São Paulo (PUC-SP), em 2008.

SOARES, Mariza de Carvalho. "Nos Atalhos da Memória". In: *A Cidade Vaidosa: Imagens Urbanas do Rio de Janeiro* KNAUSS, Paulo (org.) Rio de Janeiro: Sette Letras, 1999.

SOUZA, Laura M. *Os Desclassificados do Ouro: A Pobreza Mineira no Século XVIII*. Rio de Janeiro: Editora Graal, 1982.

SOUZA, Tarik de. "A Primeira (e Fornida) Estação do Samba". In: *Jornal do Brasil*, Rio de Janeiro, p. 10. 05. Out. 1981.

SOIHET, Rachel. *A Subversão pelo Riso: Estudos sobre o Carnaval da Belle Époque ao Tempo de Vargas*. Rio de Janeiro: Editora Fundação Getúlio Vargas, 1998.

TATIT, Luiz. "A Triagem e a Mistura". In: *O século da Canção*. São Paulo: Ateliê Editorial, 2008. pp. 91 a 112.

_____ "A Costura dos Cancionistas: A Autoria". In: *O Século da Canção*. São Paulo: Ateliê Editorial, 2008. pp. 113 a 141.

_____"Alinhavando a Canção: O Samba-canção". In: *O Século da Canção*. São Paulo: Ateliê Editorial, 2008. pp. 144 a 175

TINHORÃO, José Ramos. "A Memória Viva do Rio, Entrevista com João da Baiana". In: *Revista Veja*. São Paulo, pp. 3-5. 28 ago.1971.

THOMPSON, Daniella. *Praça Onze in Popular Song*, no site Musica Brasiliensis. 13/06/2013. Disponível em http://daniellathompson.com/Texts/Praca_Onze/praca_onze.pt.1.htm. Acesso em: 30 jan. 2019 (tradução própria).

TREECE, David. "Melodia, Texto e O cancionista, de Luiz Tatit". MANCINI, Renata (Trad.). In: *Teresa, Revista de Literatura Brasileira*. São Paulo: Edusp, 1996, pp. 322- 350. Disponível em http://www.revistas.usp.br/teresa/article/view/116391. Acesso em 24 nov 2011.

VALENTE, M. E. A. *Educação em Museu. O Público de Hoje no Museu de Ontem*. Dissertação de Mestrado apresentada ao Programa de Pós-Graduação em Educação, Pontifícia Universidade Católica do Rio de Janeiro (PUC - Rio), Rio de Janeiro, 1995.

VELLOSO, Mônica. "As Tias Baianas Tomam Conta do Pedaço. Espaço e Identidade Cultural no Rio de Janeiro". In: *Revista Estudos Históricos*. Volume 3 número 6: CPDOC, Fundação Getúlio Vargas, 1990. Disponível em http://bibliotecadigital.fgv.br/ojs/index.php/reh/article/viewFile/2303/1442. Acesso em: 02 set. 2018.

VIANNA, Hermano. *O Mistério do Samba*. 2ª edição. Rio de Janeiro: Jorge Zahar Editor. Editora UFRJ, 1995.

Sites consultados

Dicionário Cravo Albin da Música Popular Brasileira. ALBIN, Ricardo Cravo et ali Instituto Cravo Albin. Rio de Janeiro. Disponível em https://dicionariompb.com.br/. Acesso em datas variadas.

Mateus Leitão. Retratos da leitura no Brasil. Portal G1, em 06/01/2019. Disponível em https://g1.globo.com/politica/blog/matheus-leitao/post/2019/01/06/retratos-da-leitura-no-brasil.ghtml. Acesso em 04 abr. 2025.

Galeria do samba. Disponível em http://www.galeriadosamba.com.br/escolas-de-samba/mocidade-independente-de-padre-miguel/1977/. Acesso em 02 abr. 2025.

Instituto Memória Musical Brasileira (IMMuB). Disponível em https://immub.org/instituto. Acesso em 04 abr. 2025.

Recanto das Letras. Disponível em https://www.recantodasletras.com.br/biografias/5190778. Acesso em 02 abr. 2025.

Rádio Cultura de São Paulo. Palco Sonoro. "Meu Tio o Iauaretê", de Guimarães Rosa, interpretado por Lima Duarte. Disponível em https://www.youtube.com/watch?v=0poYlHyZLDU. Acesso em 25 nov. 2019. O texto do conto, publicado pela primeira vez no livro *Estas Estórias*, de 1969, está disponível em http://www.biolinguagem.com/inuma/ROSA%201961%20meu%20tio%20iauarete.pdf. Acesso em 25 nov. 2019.

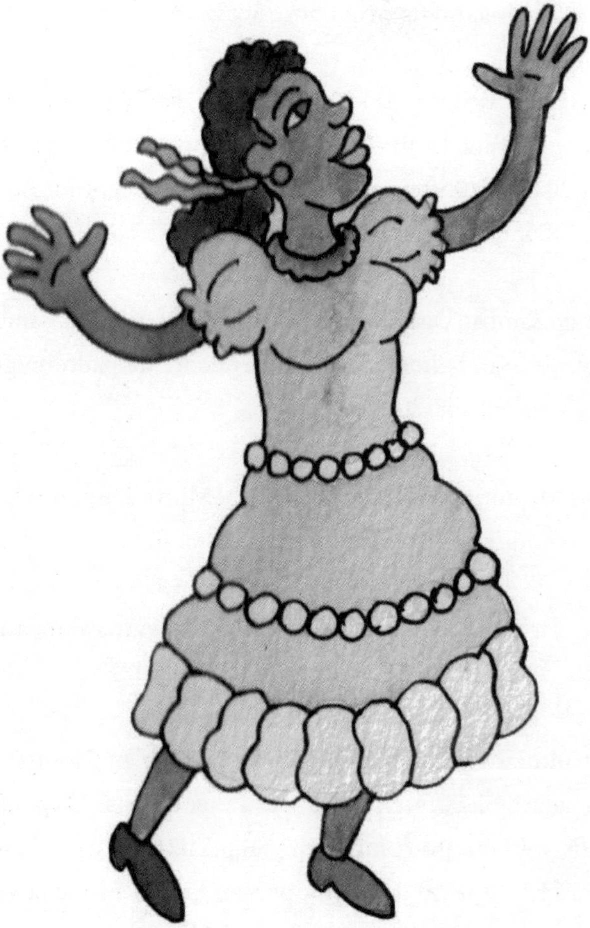

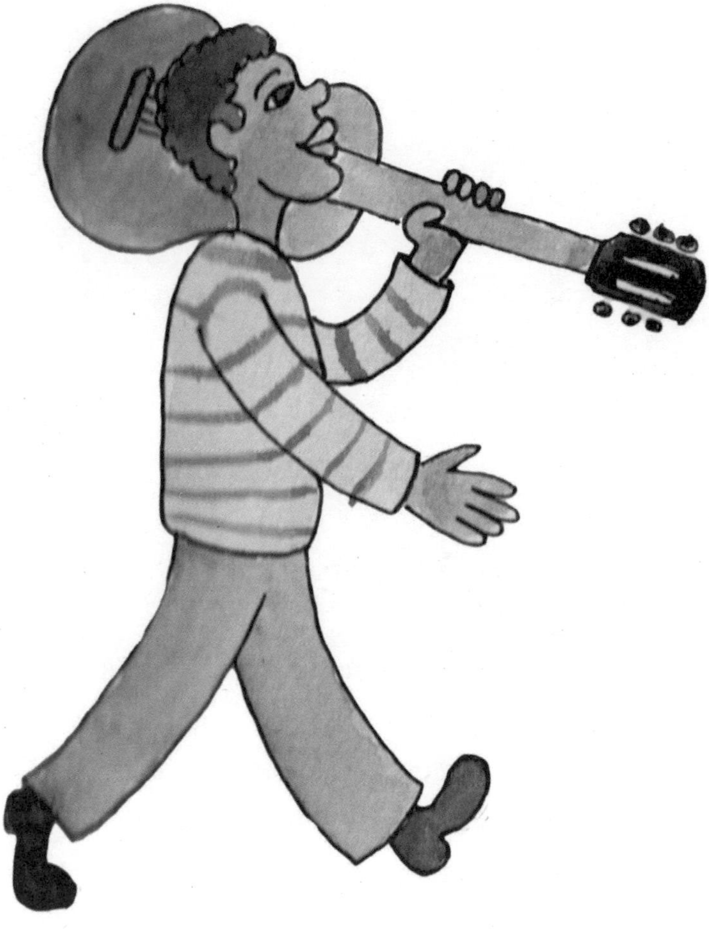

Esta obra foi impressa por Gráfica Rettec
em Adobe Garamond Pro e FontleroyBrown.
Capa em papel Supremo 250g.
Miolo em papel Lux Cream 70g.
14 cm de largura x 21 cm de altura